La primera COMUNIÓN

PREPARACIÓN DE LOS NIÑOS PARA RECIBIR EL SACRAMENTO DE LA EUCARISTÍA

First COMMUNION

PREPARING CHILDREN FOR THE SACRAMENT OF THE EUCHARIST

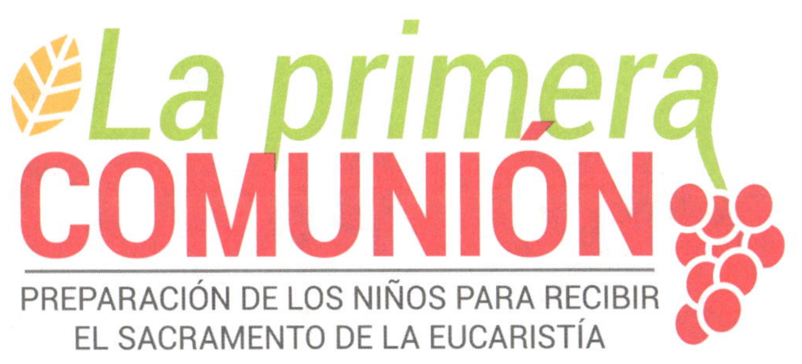

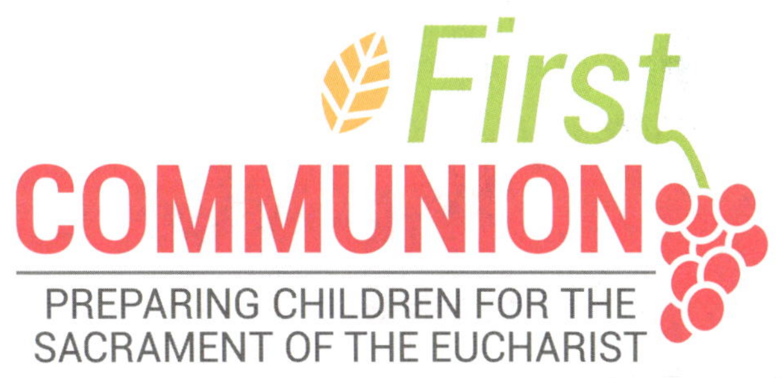

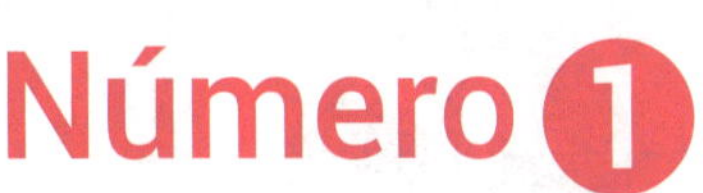

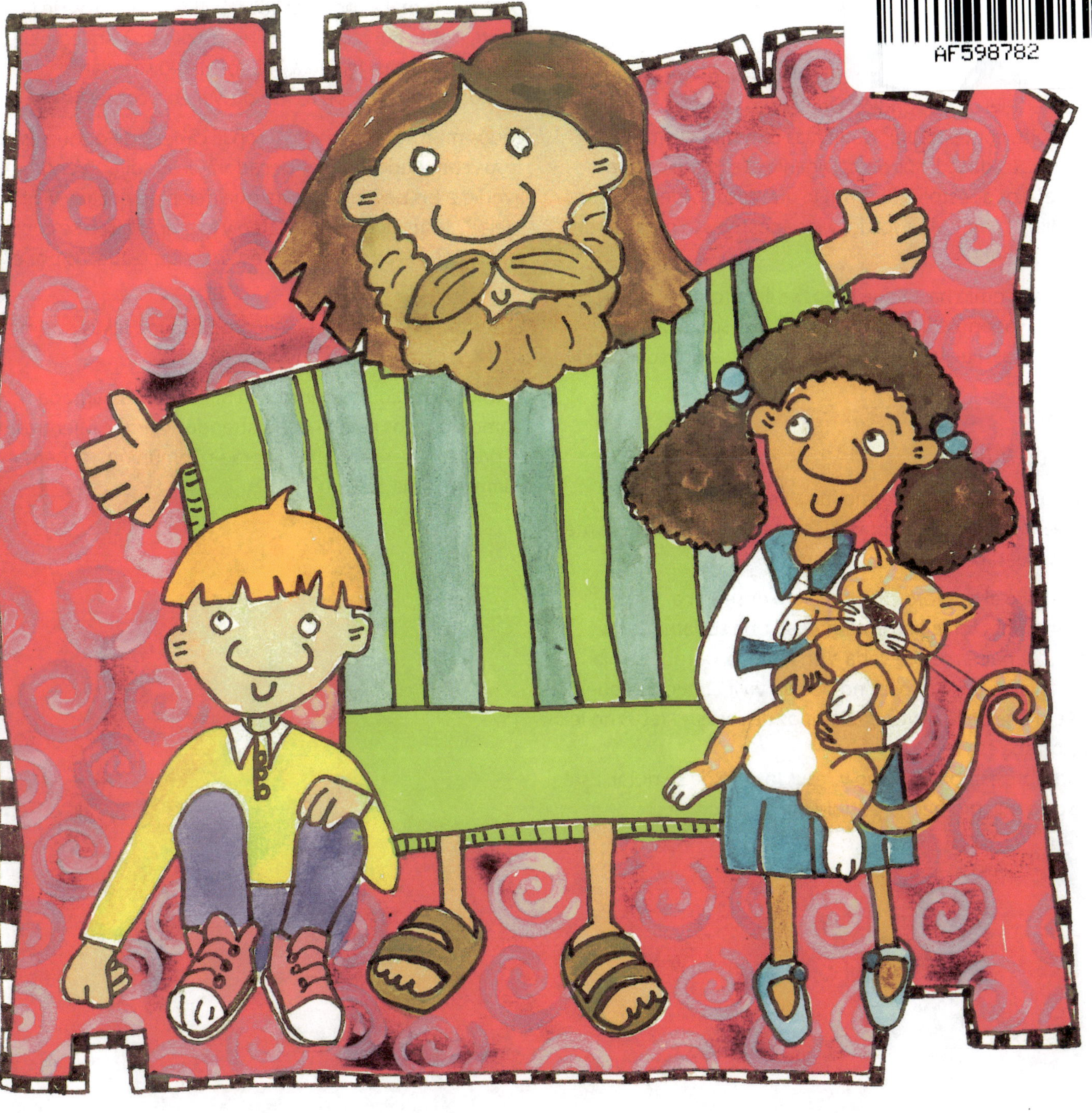

Número 1

Francine M. O'Connor

Number 1

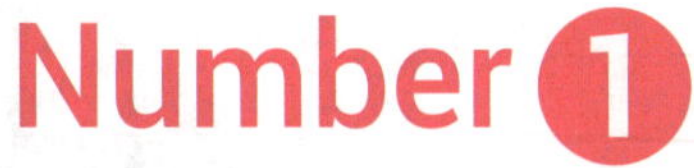

HISTORIAS DE JESÚS

Las mejores historias son las de Jesús y su amor.
He aquí tres de mis favoritas.

Jesús da de comer a la gente

(Juan 6:1-13)

Un día, Jesús estaba hablando en el desierto ante miles de personas. Jesús habló del amor de Dios Padre. La gente se quedó a escuchar.

Los apóstoles le dijeron a Jesús: "Dile a la gente que se vaya a comer". Jesús respondió: "Denles de comer". Pero los apóstoles contestaron: "Nada más tenemos cinco panes y dos pescados". Jesús dijo: "Díganle a la gente que se siente". Los apóstoles hicieron lo que Jesús ordenó. Jesús bendijo el pan y el pescado, y los apóstoles lo repartieron entre la gente.

La gente comió hasta que todos se llenaron.
Cuando los apóstoles recogieron lo que sobró, llenaron doce cestas. Fue un milagro hecho posible por su amor.

Jesús ayuda al enfermo

(Mateo 8:1-4)

Un día, un hombre enfermo fue a ver a Jesús.
Él quería que Jesús lo curara. Jesús le dijo: "Haré lo que me pides; queda curado".

Jesús tocó al hombre, quien mejoró enseguida.
Este hombre tenía una enfermedad que se llama lepra.
La gente nunca se acercaba a un leproso, porque temía contagiarse. Los leprosos no podían vivir en ningún pueblo.
Esa era una de las leyes en tiempos de Jesús. A Jesús no le importaba esa ley.
El hombre estaba enfermo y Jesús lo curó de su dolor. Este fue otro milagro hecho posible por su amor.

Jesús perdona a los pecadores

(Mateo 9:9-13)

Esta es la historia de Mateo, un recaudador de impuestos que le caía mal a todos. Él cobraba los impuestos de la gente pobre aun cuando no tenían dinero para comer. "Sígueme", Jesús le dijo a Mateo. Mateo se levantó y lo siguió. Los dos fueron a casa de Mateo a comer.

Todos murmuraron y movieron la cabeza. "¿Por qué está Jesús comiendo con ese pecador?" Jesús dijo: "Vengo a ayudar a los pecadores para que dejen de pecar y vivan mejor". Jesús perdonó a Mateo y lo amó. Mateo se convirtió en uno de los apóstoles de Jesús. Él siguió a Jesús por el resto de su vida.

El perdón de Jesús es un milagro de amor. Jesús nos mostró su amor de muchas maneras.

Cuando nos dio su Cuerpo y su Sangre en la Sagrada Comunión, nos estaba demostrando su amor. Mientras te preparas para recibir la Sagrada Comunión, recuerda cuánto te ama Jesús.

STORIES OF JESUS

The best stories are stories about Jesus and his love.
These are three especially good ones.

Jesus Feeds the People

Luke 9:10-17

One day, Jesus was speaking to thousands of people in a far-away place called Bethsaida. He spoke about God the Father's love. The people stayed and listened for a long time.

The apostles came to Jesus and said, "Send the people away now so they can get something to eat."

Jesus said, "Give them food to eat."

But the apostles replied, "We have only five loaves of bread and two fish."

Then Jesus said, "Have the people sit down." The apostles did as Jesus said. Jesus blessed the loaves and fish, and the apostles gave them to the people.

The people ate and ate and ate until they were all full. When the apostles picked up what was left, it filled 12 baskets! This was a miracle of love.

Jesus Helps the Sick

Matthew 8:1-4

One day, a sick man came to Jesus. He wanted Jesus to cure him. Jesus said, "I will do it. Be cured." He touched the man and right away, the man was all better.

This man had a sickness called leprosy. People would not go near a leper because they thought they'd get sick too. The lepers had to stay away from town. That was the rule in Jesus' day. Jesus didn't care about that rule. The man was sick and hurting and Jesus took away his pain. This was another miracle of love.

Jesus Forgives Sinners

Matthew 9:9-13

This is the story of Matthew, a tax collector who was not well liked. He took tax money from the poor even when they did not have enough money for food. "Follow me," Jesus said to Matthew.

Matthew got up and followed him. They went to Matthew's house to eat. The people whispered and shook their heads."Why is Jesus eating with that sinner?"

Jesus said, "I have come to help sinners give up their sins and live better lives." Jesus forgave Matthew and loved him. Matthew became one of Jesus' apostles. He followed Jesus for the rest of his life.

Jesus' forgiveness is a miracle of love. Jesus showed his love in many ways.

When he gave us his own body and blood to share in holy Communion, he was showing us his love. While you are preparing to receive your first holy Communion, remember how much Jesus loves you.

Un amor como el de Jesús

Jesús demostró su amor dándole de comer al hambriento, curando al enfermo y perdonando a los pecadores. He aquí un juego para que aprendas a amar como Jesús ama. Vas a necesitar dos fichas y una moneda. Echa la moneda a cara o cruz para ver cuántos espacios vas a moverte. Si cae cara, avanza dos espacios; si es cruz, avanza un espacio. Los espacios te dicen cómo amar de la manera que Jesús ama.

Te enojaste cuando tu mamá te pidió que limpiaras tu cuarto.
RETROCEDE UN ESPACIO.

AVANZA AL SIGUIENTE BICHO.

Les diste a los pobres parte de tu domingo para que comieran.
AVANZA 3 ESPACIOS.

Dijiste algo que ofendió a alguien.
PIERDE UN TURNO.

AVANZA A LA ESQUINA QUE DICE CHÓCALAS Y SALUDA CON LA MANO A TODOS.

Tu hermana te pidió disculpas por haberte ofendido, pero tú no le hiciste caso.
REGRESA AL COMIENZO.

AVANZA A LA ESQUINA QUE DICE ABRAZO Y ABRAZA A TODOS.

Perdonaste a un amigo que rompió uno de tus juguetes sin querer.
TOMA OTRO TURNO.

AVANZA A LA ESQUINA QUE DICE SONRÍE Y HAZLO.

SALIDA

SONRÍE

AMOR COMO EL DE JESÚS

CRUZ PARA GANAR

ABRAZO

CHÓCALAS

La Primera COMUNIÓN

PREPARACIÓN DE LOS NIÑOS PARA RECIBIR EL SACRAMENTO DE LA EUCARISTÍA

First COMMUNION

PREPARING CHILDREN FOR THE SACRAMENT OF THE EUCHARIST

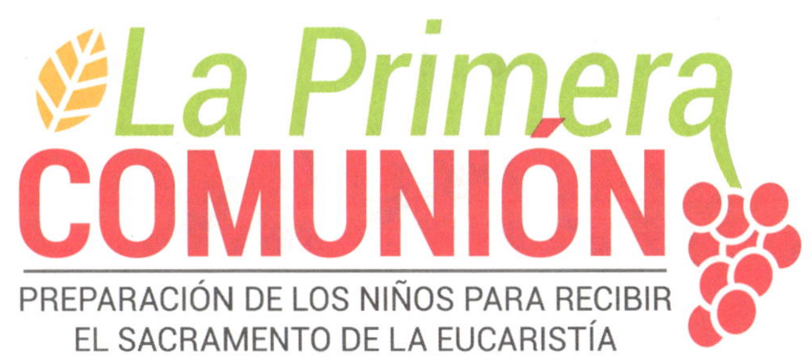

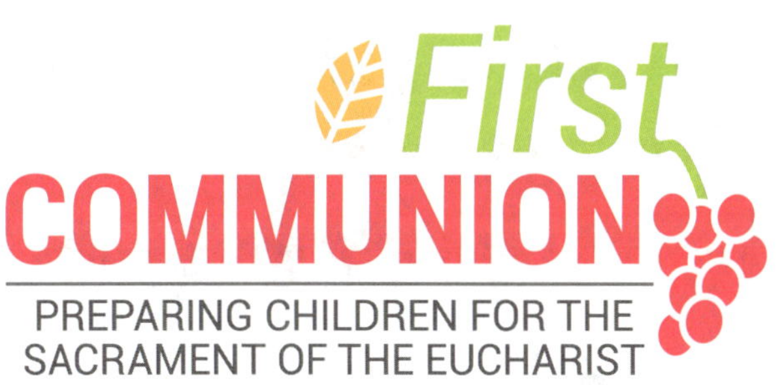

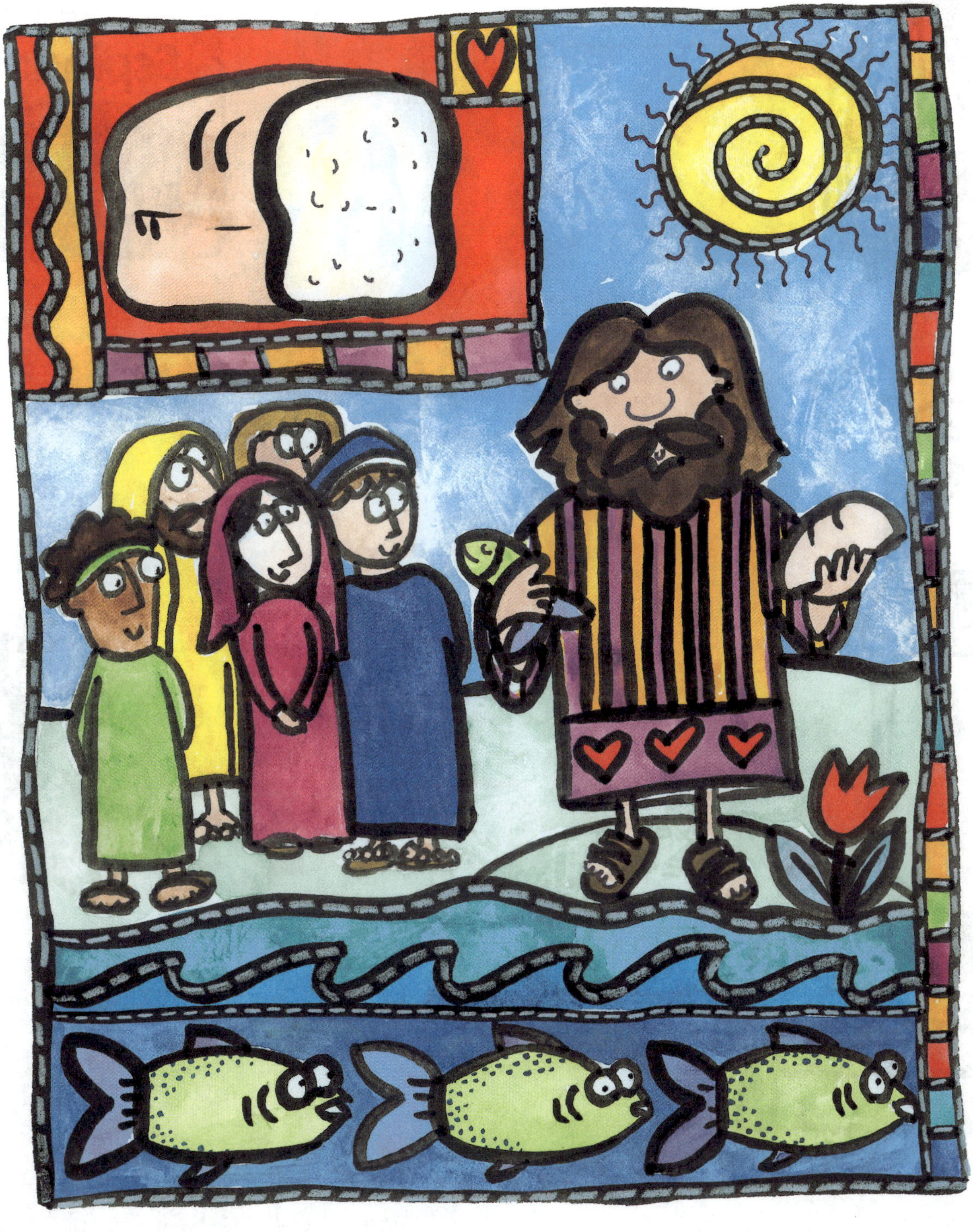

Número 2

Francine M. O'Connor

Number 2

UN REGALO MARAVILLOSO

Escribe la palabra que corresponde a cada dibujo. Después toma la primera letra de cada una de las cinco palabras y escríbela en los espacios de abajo para descubrir el gran regalo que Dios quiere darte.

1. __________

2. ________________

3. __________

4. ________

5. ________

___ ___ ___ ___ ___

A WONDERFUL GIFT

Solve the rebus and see the wonderful gift that God wants to give you.

____ ____ ____ ____ ____

UN REGALO DE JESÚS

Yo soy el Pan de vida.

Jesús les dio de comer a miles de personas con unos cuantos panes. La gente estaba sorprendida y feliz. Habían tenido hambre pero ahora estaban llenos. "Este pan es un regalo de Dios", pensaron ellos. "Es un regalo de amor para la gente".

Jesús repartió el pan entre la gente para que comiera. Pero Él tenía algo más que decirles. "Yo soy el Pan de vida", dijo Él. "Ninguna persona que venga a mí volverá a tener hambre, ni hay quien crea en mí que tendrá sed". La gente no entendía. "¿Cómo es que un hombre puede ser pan?", se preguntaron.

"Yo soy el Pan de vida". Son palabras extrañas, son palabras misteriosas, pero son palabras llenas de amor. Cuando la gente tenía hambre, Jesús les dio pan. Pero la gente necesita algo más que pan: necesita el amor de Dios.

La gente necesita la vida de Dios, un regalo que dura para siempre. Jesús estaba hablando de sí mismo, el verdadero "Pan de vida".

¿Cómo puede ser pan Jesús? Cuando tienes hambre, te llenas con pan. Pero hay otras clases de hambre. Cuando estás triste y buscas amor, Jesús puede llenar tu corazón con su amor. Cuando estés solo y quieras amistades, puedes pedírselo a Jesús cuando reces. Cuando cometas un error o te enojes, o cuando no puedas distinguir entre el bien y el mal, Jesús te perdonará. Él te enseñará a ser bueno.

"Yo soy el Pan de vida". Jesús es el Pan de tu vida. Él colmará todas tus ansias y te ayudará a ser bueno. Él estará contigo todos los días de tu vida. Este es el gran regalo que pronto vas a recibir: al propio Jesús, en el Pan de la Comunión. Recuerda lo que Jesús dijo: "El que coma de este pan vivirá para siempre. El pan que yo le daré es mi carne, y la daré para vida del mundo". (Juan 6,51).

Un regalo es algo especial

Es muy divertido recibir regalos de personas que te aman.
Dibuja en esta caja algo que te gustaría recibir.
Jesús tiene un regalo muy especial para ti.
¿Sabes qué es?

La Primera COMUNIÓN

PREPARACIÓN DE LOS NIÑOS PARA RECIBIR EL SACRAMENTO DE LA EUCARISTÍA

First COMMUNION

PREPARING CHILDREN FOR THE SACRAMENT OF THE EUCHARIST

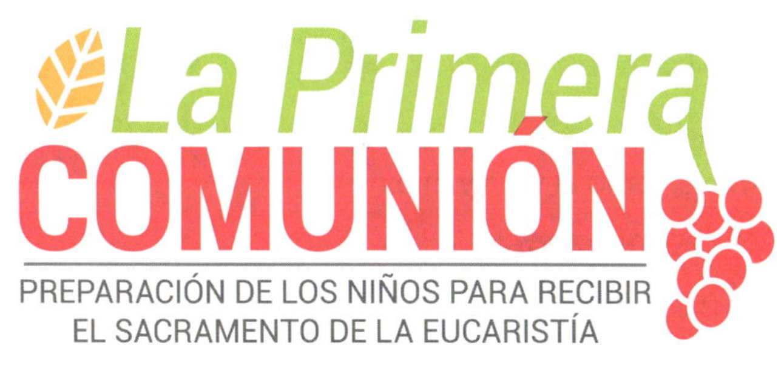

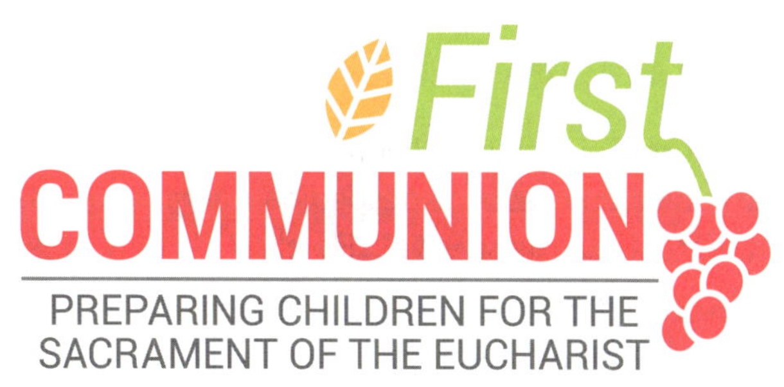

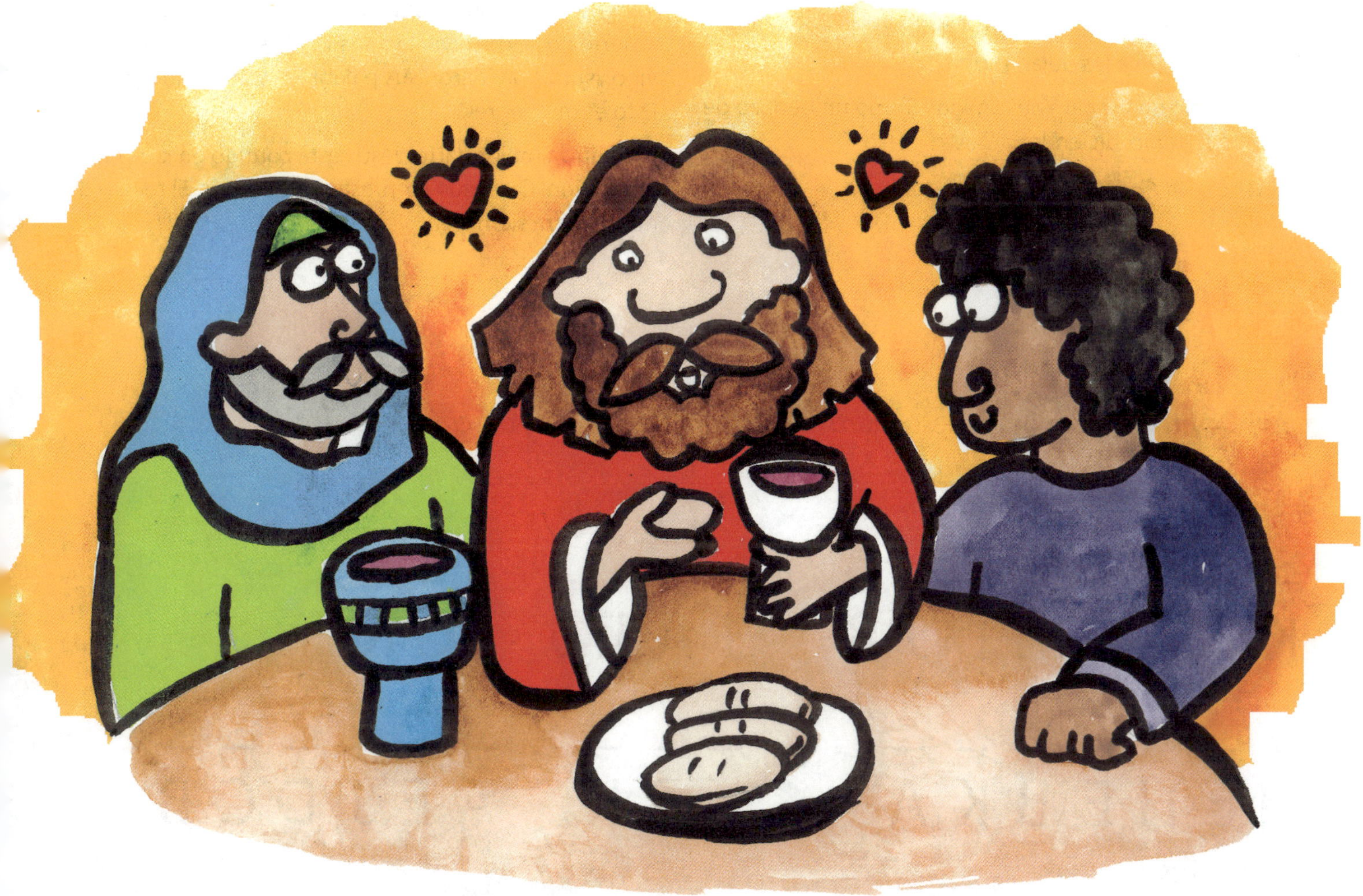

Número 3 *Francine M. O'Connor* Number 3

UNA CENA DE AMOR CON JESÚS

Cuando Jorge, el amigo de Laura, se estaba mudando, su mamá le hizo una fiesta de despedida. Laura no quería ir. "No quiero que Jorge se vaya", dijo ella.

Su mamá dijo: "Jorge es tu mejor amigo. ¿Recuerdas los buenos tiempos que pasaron juntos? La amistad de ustedes durará mientras duren los buenos recuerdos".

Entonces su mamá le contó acerca de la fiesta de despedida de Jesús. Era la noche antes de que muriera. Jesús invitó a sus amigos a la comida. Estaban tan tristes como Laura. Iba a ser la última vez que comerían juntos.

Jesús dijo muchas palabras de amor. Le pidió al Padre que cuidara a todos sus amigos en el mundo. Prometió que regresaría. Nunca los dejaría solos.

Jesús les dio una señal a sus amigos. Tomó un pedazo de pan y lo bendijo, diciendo:

"Esto es mi cuerpo".

Jesús pasó el pan para que todos lo compartieran. Después, tomó el vino y dijo:

"Esto es mi sangre".

Jesús pasó la copa y dijo:

"Hagan esto en mi memoria".

Jesús murió en la cruz el día siguiente. Regresó a ver a sus amigos —como lo había prometido— el maravilloso domingo que llamamos día de Pascua. Se quedó un rato y después subió al Cielo para estar con su Padre. Sus amigos siempre recordaron la Última Cena. En lugar de haber sido una despedida triste, ¡fue una celebración! La muerte no pudo llevarse a Jesús. Él estaba en el pan y el vino. Nunca olvidaron sus palabras: "Esto es mi cuerpo... Esto es mi sangre".

¡He aquí la mejor parte! Jesús está contigo en la Sagrada Comunión. Qué gran sorpresa nos da Jesús. El regalo de sí mismo para siempre.

Una promesa de Jesús

Jesús te ha hecho una promesa maravillosa. Para descubrirla, descifra el mensaje.

_ _   _ _ _ _ _   _ _ _ _   _ _ _

K M   G I D J B   J A L J   C K F

_ _ _ _ _ _ _   _ _ _ _   _ _ _ _ _ _ _

H E H E B K A   C K B K   A E J D C B J

Key:

A=S	E=I	I=O	M=L
B=R	F=N	J=E	
C=P	G=C	K=A	
D=M	H=V	L=T	

A LOVE-MEAL WITH JESUS

When Jenny's friend Tom was moving, his mother gave a farewell party for Tom and his friends. Jenny didn't want to go. "I don't want Tom to leave," she said.

Her mother said, "Tom is your best friend. Remember the good times you had? Your friendship will last as long as your memories last."

Then Jenny's mother told her about Jesus' farewell party. It was the night before he died. He invited his friends to a meal. Like Jenny, they were very sad. It was to be their last supper together.

Jesus spoke many words of love. He asked the Father to take care of all his friends in the world. He promised that he would return. He would never leave them alone.

Jesus gave his friends a sign. He took bread and blessed it, saying,

"This is my body."

He passed the bread around for all to share. Later, he took wine and said,

"This is my blood."

He passed the cup around and said,

"Do this in memory of me."

The next day Jesus died on the cross. On the wonderful Sunday we call Easter, Jesus returned to his friends — just as he had promised. He stayed for a little while, then went to his Father in heaven. Jesus' friends always remembered that wonderful Last Supper meal. Instead of a sad farewell party, it was really a celebration! Death could not take Jesus away. He was there in the bread and wine. They never forgot his words: "This is my body...This is my blood."

Here comes the very best part! Jesus is with you today in holy Communion. What a super gift Jesus gives. The gift of himself forever.

A Love-Meal with Jesus

Jesus makes you a wonderful promise. Using the key below, can you decode his message?

_ _   _ _ _   _ _ _   _ _ _ _   _ _ _ _ _

A B   E F D   G C H   H J A I   K L G C M

_ _ _   _ _ _ _ _   _ _ _ _

E F D   I J C N N   N A O G

_ _ _ _ _ _ _

P F L G O G L

Key:

A=I	E=Y	I=S	M=D
B=F	F=O	J=H	N=L
C=A	G=E	K=B	O=V
D=U	H=T	L=R	P=F

ESTO ES MI CUERPO

Jesús nos ama tanto que quiere compartir su vida con nosotros. Antes de morir, Jesús encontró la manera de vivir en nuestro corazón para siempre. ¿Sabes cómo?

Descifra las letras para descubrir cómo Jesús siempre está en nuestros corazones.

ASGRDAA

____

OCMUNOIN

____

Francine M. O'Connor

Number 4

CELEBRACIÓN FAMILIAR

En un día alegre y especial, ¿cómo celebra tu familia? ¿Hacen una fiesta?, ¿comen juntos?, ¿rezan juntos?, ¿recuerdan buenos tiempos?, ¿cantan, se abrazan y ríen? ¿se dan regalos a veces? ¡Las reuniones familiares son divertidas! Están llenas del amor de la familia.

¿Sabes cómo celebra la familia de Dios? Va a Misa para cantar y hablar y para buscar a Dios y agradecerle el regalo de Jesús que se dio a sí mismo por nosotros.

Al comienzo de la Misa, cantamos con alegría. Estamos contentos, porque la familia está junta otra vez. Entonces escuchamos la Palabra de Dios. Aprendemos acerca del Padre escuchando historias maravillosas de su amor. El sacerdote o el diácono nos dice cómo podemos ser hijos buenos de Dios y ser felices.

Ahora viene la mejor parte. Celebramos la comida especial que Jesús compartió con sus amigos la noche antes de morir. Rezamos y le damos las gracias a Dios por darnos a su Hijo único como regalo.

Cuando el sacerdote repite las palabras de Jesús: "Este es mi cuerpo... Esta es mi sangre", recordamos la grandeza de la Pascua: "Cristo ha muerto, Cristo ha resucitado, Cristo vendrá otra vez". Jesús se convierte en comida verdadera para nosotros en forma de pan y vino.

Rezamos la oración que Jesús nos enseñó. Le damos la mano a todos nuestros vecinos. Nos acordamos que somos una familia, porque todos hemos sido bautizados como hermanos y hermanas de Jesús.

Entonces compartimos la comida especial que Jesús nos dio: el regalo de sí mismo en la Sagrada Comunión. Recibimos este regalo con alegría, ya que hace que nos sintamos "unidos" a la familia de Dios.

Cuando la Misa termina, el padre o el diácono dice: "Vayan en paz para amar y servir a Dios". Nuestra celebración en compañía de la familia no termina con esto; ahora es hora de celebrar el amor de Dios con quien nos encontremos en el transcurso del día.

LA ORACIÓN DE JESÚS

Un día que Jesús estaba predicando, alguien le preguntó: "Señor, enséñanos a rezar". Entonces Jesús nos enseñó el Padre Nuestro. ¿Puedes escribir las palabras que hacen falta?

El padrenuestro

Padre _ _ _ _ _ _ _ _ _, que estás en el _ _ _ _ _ _, santificado sea tu _ _ _ _ _ _ _; venga a nosotros tu _ _ _ _ _ _. Hágase tu voluntad en la _ _ _ _ _ _ _ como en el _ _ _ _ _ _. Danos hoy nuestro _ _ _ de cada día; _ _ _ _ _ _ _ _ _ nuestras ofensas como también nosotros perdonamos a los que nos _ _ _ _ _ _ _ _ _; no nos dejes caer en la _ _ _ _ _ _ _ _ _ _ _ _, y líbranos del _ _ _. Amen.

Lista de palabras: reino, nombre, nuestro, tierra, cielo, pan, perdona, tentación, ofenden, mal, cielo

A FAMILY CELEBRATION

On a special, happy day, how does your family celebrate? Do you have a party? Do you share a special meal? Do you pray together? Do you talk and remember good times? Do you sing and hug and laugh? Do you sometimes exchange gifts? Family celebrations are fun! They are filled with family love.

Do you know how the family of God celebrates together? They come together in Mass to sing and talk and remember God and the gift Jesus gave of himself.

At the very beginning of Mass, we usually sing out with joy. We are happy to be together as a family again. Then we listen to God's Word. We learn about the Father's love. We hear wonderful stories about Jesus. The priest or deacon tells us how we can be good and happy children of God.

Now comes the very best part. We celebrate the special meal that Jesus shared with his friends on the night before he died. We pray a thank-you prayer for the gift of God's only Son.

When the priest says Jesus' words: "This is my body...This is my blood," we remember the happy Easter surprise—"We proclaim your Death, O Lord, and profess your Resurrection until you come again." Jesus becomes real food for us in the bread and the wine.

We pray the prayer Jesus taught us. We shake hands with all our neighbors. We remember that we are a family because we have all been baptized as brothers and sisters of Jesus.

Then we share the special food Jesus gave us—the gift of himself in holy Communion. We share this gift in joy and thanksgiving, for the gift itself and for the "togetherness" we feel as members of God's family.

After the Mass is over, the priest or deacon says, "Go in peace." Our family celebration does not end. It's time for us to go out and celebrate God's love with everyone we meet.

JESUS' OWN PRAYER

Once, when Jesus was preaching, someone asked him, "Lord, teach us how to pray." That's when Jesus gave us the Our Father, or the Lord's Prayer. Can you fill in the missing words in Jesus' prayer?

The Lord's Prayer

Our _ _ _ _ _ _ who art in _ _ _ _ _ _ _, hallowed be thy _ _ _ _. Thy _ _ _ _ _ _ _ come. Thy will be done on _ _ _ _ _, as it is in _ _ _ _ _ _. Give us this day our daily _ _ _ _ _, and _ _ _ _ _ _ _ us our trespasses as we forgive those who _ _ _ _ _ _ _ _ against us, and lead us not into _ _ _ _ _ _ _ _ _ _, but deliver us from _ _ _ _. Amen.

Word List: bread, earth, evil, father, forgive, heaven, heaven, kingdom, name temptation, trespass

TIEMPO PARA RECORDAR Y CELEBRAR

Las reuniones familiares son muy divertidas. Hay un tiempo especial durante el cual toda la familia de Dios se reúne y celebra el regalo que Jesús nos dio antes de morir, el regalo de sí mismo. A continuación escribe en los espacios provistos el nombre que corresponde a cada ilustración. Entonces toma la primera letra de cada nombre y escríbela sobre las líneas provistas abajo. Cuando acabes, podrás leer el nombre de esta celebración.

___ ___ ___ ___

La Primera COMUNIÓN

PREPARACIÓN DE LOS NIÑOS PARA RECIBIR EL SACRAMENTO DE LA EUCARISTÍA

First COMMUNION

PREPARING CHILDREN FOR THE SACRAMENT OF THE EUCHARIST

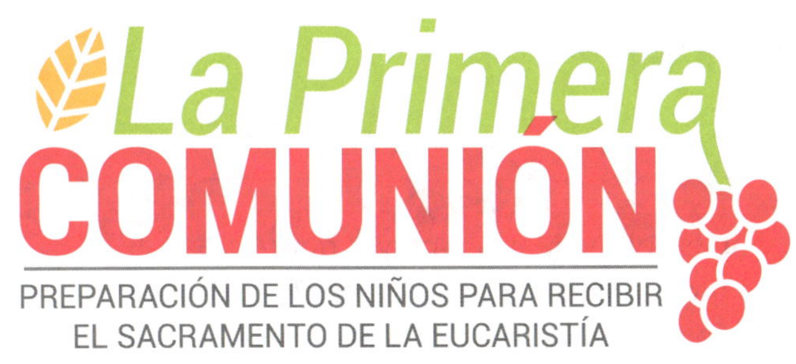

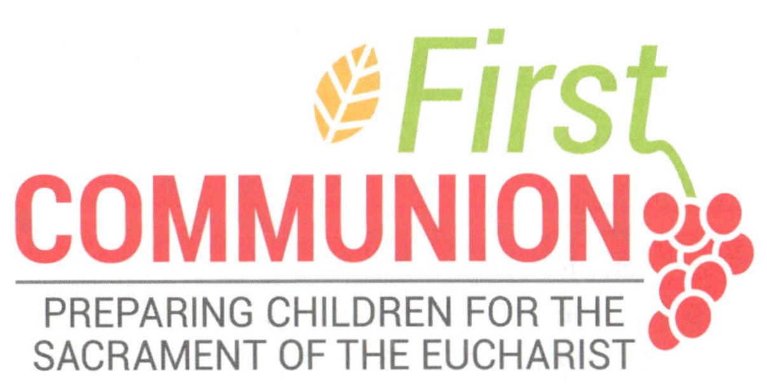

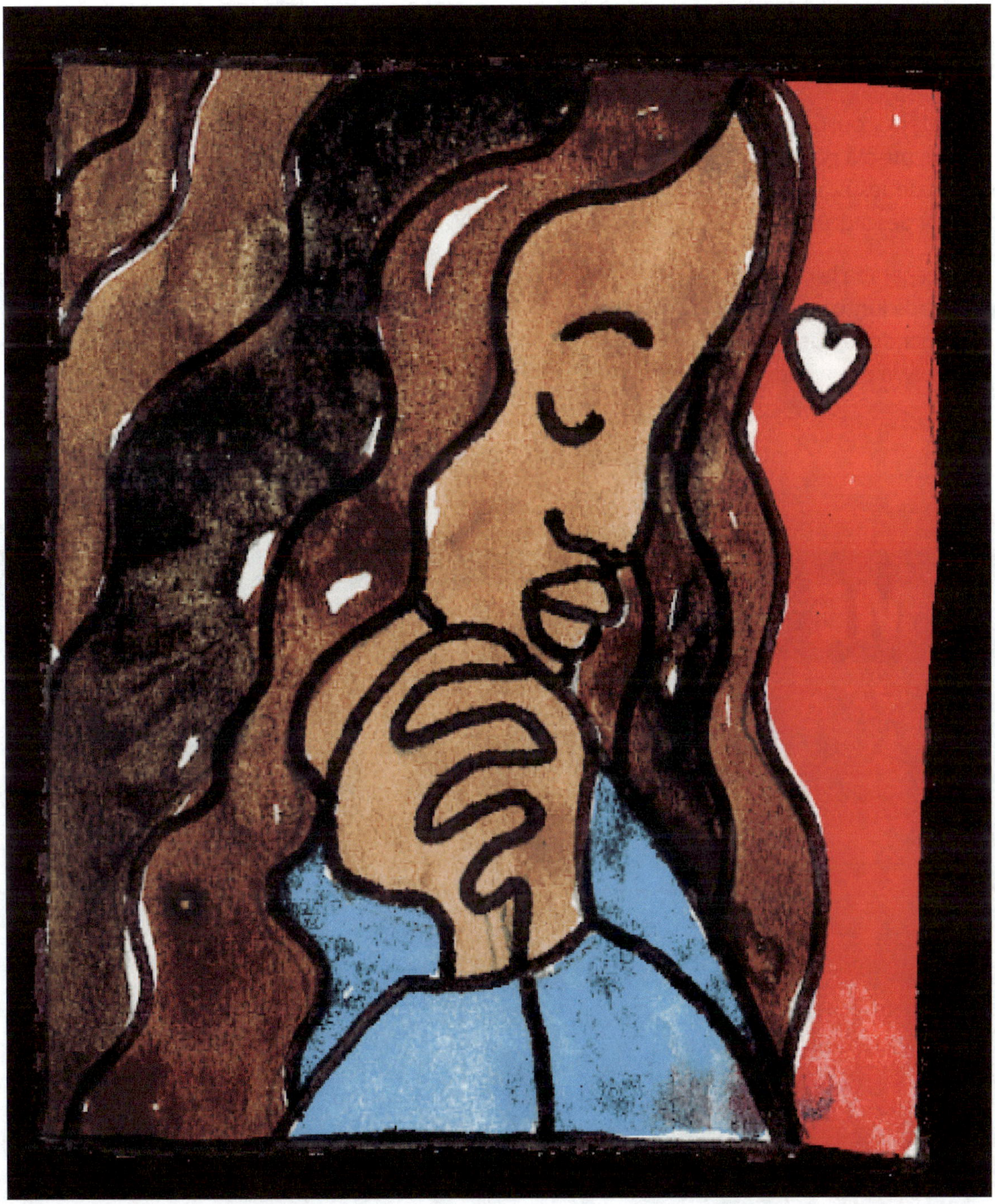

Número 5

Francine M. O'Connor

Number 5

LA CASITA EN BETANIA

Basado en Lucas 10:38-42

En Betania hay una casita con un caminito de piedras blancas y lisas que llega hasta la puerta. La chimenea de la casita calienta bien cuando los buenos amigos llegan de visita.

Es el hogar de María, Marta y Lázaro, los amigos de Jesús. Un día, Jesús vino de visita y Marta le hizo de comer.

Marta sacó una tetera y puso agua a hervir. Entonces se puso a preparar la comida favorita de Jesús: pan de trigo con miel y pescado.

Mientras Marta preparaba la comida, María estaba sentada junto a Jesús sin decir nada, escuchando lo que decía sobre Dios, el cielo y la eternidad.

"Señor", se quejó Marta, "¿no ves que María me ha dejado todo el trabajo? Dile que se pare y me dé una mano".

Jesús respondió: "Marta, te inquieta todo el trabajo que dices que debes hacer. No digas nada y escúchame, porque hay mucho que te quiero decir".

Como Marta, hay mucho que debes hacer, como ayudar a otros y aprender a compartir; pero lo primero que Jesús te pide es que te calmes y te sientes a rezar.

Escúchalo cuando vayas a Misa, ya que Él quiere decirte que te quiere mucho. Entonces comparte tu amor con el mundo, y Jesús bendecirá todo lo bueno que hagas.

A LITTLE HOUSE IN BETHANY

Based on Luke 10:38-42

There's a little house in Bethany,
with smooth, white stones along the walk
and a cozy fireplace inside
where good friends gather around to talk.

This is the home of Jesus' friends,
Mary and Martha and Lazarus.
One day when Jesus came to call,
Martha jumped up and began to fuss.

She took out the kettle and set it to boil
and prepared all of Jesus' favorite treats:
wheat bread and honey, fish from the sea,
and spice cakes with tea, hot and sweet.

While Martha worked to prepare this feast,
Mary sat beside Jesus, so quietly,
listening to all that he had to say
about God and heaven and eternity.

"Lord," complained Martha, "can't you see
that Mary has left all the work to me?
Tell her to get up and do her share
of the good things I am doing for you."

"Martha, Martha, you fidget and fuss
about all the work you say you must do.
Be quiet like Mary and hear my words,
for there's so much I want to say to you."

Like Martha, you have so much you must do,
such as helping others and learning to share,
but the very first thing Jesus asks of you
is to be quiet and sit with him in prayer.

Listen to his words when you go to church,
he wants to tell you that he cares for you.
Then go out and share and love and serve,
with Jesus to bless all the good that you do.

JESÚS PIDE QUE VENGAS

La historia de Marta y María demuestra cuánto amaban ellas a Jesús.

Cada una escogió una manera diferente de demostrarle su amor a Jesús. Marta quería que todo estuviera perfecto. Sin perder tiempo ella empezó a cocinar algo especial.

Pero María nunca se apartó de Él. Se quedó a sus pies. Escuchó sus historias. Se quedó mirándolo con amor.

Marta demostraba su amor con quehaceres. María sólo quería estar cerca del Señor.

Jesús dijo que María había escogido la mejor parte. Escuchó lo que dijo. Demostró su amor. Se quedó junto a Él. Más tarde, ¡María le sirvió obedeciendo su Palabra!

Pronto vas a recibir a Jesús en tu Primera Comunión. Él vivirá en tu corazón. ¿Cómo te vas a preparar?

¡Haz lo que María hizo! Primero, escucha las palabras de Jesús... después demuéstrale tu amor obedeciendo sus mandamientos.

Jesús dijo: "Ama a Dios con todo tu corazón y toda tu mente". Ama a Dios en tus oraciones cada día. Ámalo asistiendo seguido a Misa. Ámalo escuchando su Palabra. Ámalo diciéndole cuánto sientes haber pecado.

Jesús dijo: "Ámense el uno al otro como yo los he amado". Ama a Jesús amando a otros. Ámalo compartiendo tus cosas. Ámalo ayudando con el quehacer. Ámalo perdonando a otros.

Prepárate para la visita de Jesús. Haz lo que María hizo. Primero escucha sus palabras y luego obedece sus mandamientos.

¡Prepárate para recibir a Jesús!

Te estás preparando para recibir a Jesús en la Sagrada Comunión. Antes que llegue el día, vas a querer estar preparado. Descifra las palabras que aparecen continuación y verás las dos maneras en que Jesús quiere que te prepares para recibirlo. Cuando las descifres, completa las oraciones escribiendo en las líneas cómo obedecerás los mandamientos de Jesús.

1. MAA A ODIS NOC DOOT UT ZCROONA.

____

____

Le demostraré mi amor a Dios diciendo mis ______________

Le demostraré mi amor a Dios escuchando su Palabra en la ______________

2. AAM A UT JMROIOP MCOO OY ET MAO.

____

____

Les demostraré mi amor a otros ayudándoles a ______________

Les demostraré mi amor a otros siempre siendo ______________

La Primera COMUNIÓN

PREPARACIÓN DE LOS NIÑOS PARA RECIBIR EL SACRAMENTO DE LA EUCARISTÍA

First COMMUNION

PREPARING CHILDREN FOR THE SACRAMENT OF THE EUCHARIST

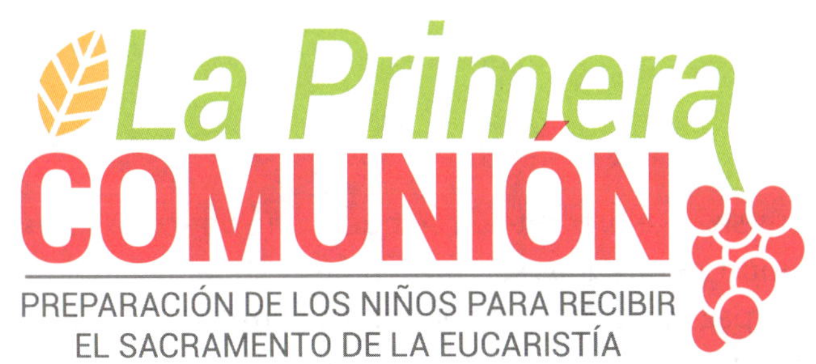

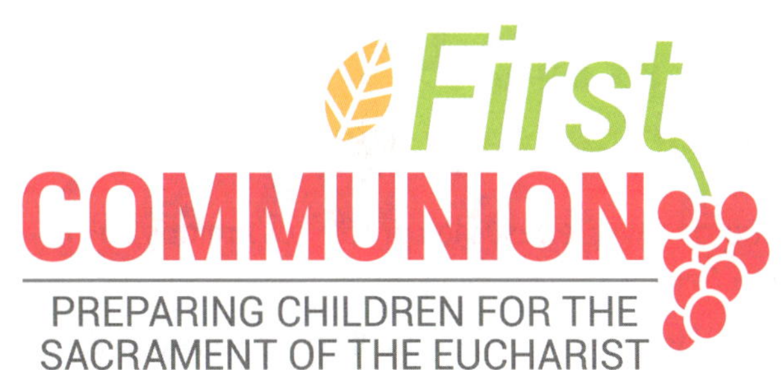

Invitados a la Cena

La familia de Susana tiene invitados a comer. Susana tiene puesto su vestido más bonito. Antes de comer, la familia reza junta y le da las gracias a Dios por la comida y la buena compañía. La mamá de Susana se siente orgullosa de los buenos modales de su hija. Es algo muy especial cuando hay invitados a comer.

Company for Dinner

Susan's family is having company for dinner. Susan is wearing her best dress. Before dinner, the family prays together to thank God for the good food and for the good company. During dinner, Mother is proud of Susan's good manners. Company for dinner is very special.

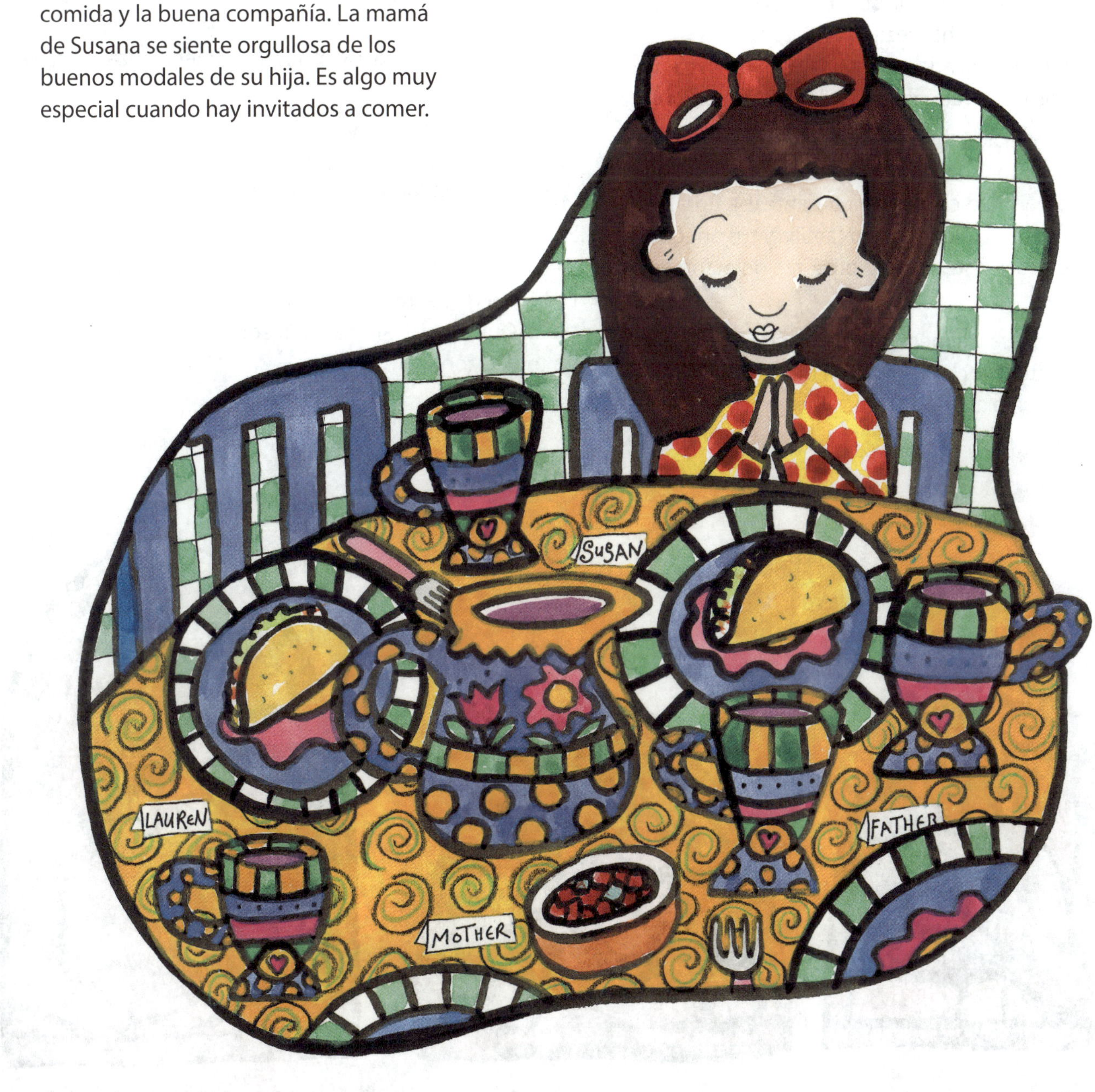

Número 6 Francine M. O'Connor Number 6

LA MISA...

Una comida con Jesús

¿Recuerdas lo que Jesús le contó a sus amigos en la Última Cena?

¿Recuerdas cuando Jesús dijo: "Este es mi cuerpo... Esta es mi sangre?" Cuando Jesús y sus amigos acabaron de comer y beber, Él dijo: "Hagan esto en memoria mía".

Ahora te estás preparando para una comida especial con Jesús. Es una comida que conmemora la Última Cena. Jesús mismo será tu comida.

Para poder recibir a Jesús has aprendido a portarte lo mejor posible. Has escuchado su Palabra. Has obedecido sus mandamientos. Le has rezado a Dios, y te has arrepentido de tus pecados. La gracia de Dios vive en ti. ¡Ahora te estás preparado para tu Primera Comunión!

Para honrar el regalo tan maravilloso de Jesús, no debes comer ni beber por una hora antes de comulgar (está permitido tomar medicina o agua durante esa hora). Entras entonces a la iglesia con tu familia y tus amigos. La Misa empieza y Jesús se hace presente de maneras muy especiales.

Jesús se hace presente mediante la Palabra. Escuchas mientras el lector proclama historias de la Biblia. Pones atención a la homilía.

Jesús se hace presente en su pueblo. Te ofreces a Jesús cuando las ofrendas son presentadas. Durante el saludo de la paz muestras tu amor por tus hermanos y hermanas espirituales al saludar a la gente que está a tu alrededor.

Ha llegado la hora de que recibas el cuerpo y la sangre de Jesús por primera vez. ¡Qué momento tan especial para ti!

Inclinas la cabeza y rezas mientras esperas tu turno. Cuando llega, miras la hostia mientras el sacerdote dice: "El cuerpo de Cristo". Y tú respondes: "Amén". Amén quiere decir: "¡Sí! Creo que esta hostia verdaderamente es Cristo". La hostia puede ser colocada en la palma de la mano o en la lengua. Después de comerla, rezas: "Gracias, Jesús, por tu amor".

El sacerdote te ofrece vino, diciendo: "La sangre de Cristo". Tú contestas: "Amén". Tomas un sorbo de vino y regresas a tu asiento. Le dices a Jesús lo que piensas en esos momentos.

Debido a que Dios te ama tanto, Jesús dio su vida por ti. Debido a que él te ama tanto, Jesús vive otra vez dentro de ti. ¡Qué regalo tan maravilloso! ¡Jesús mismo está vivo en tu corazón!

"Este es mi cuerpo…"

"Este es mi sangre…"

"Hagan esto en memoria mía".

THE MASS...

A Meal with Jesus

Do you remember the story about the Last Supper that Jesus shared with his friends?

Remember when Jesus said, "This is my body...This is my blood..."? After Jesus and his friends ate and drank, he said, "Do this in memory of me."

You are getting ready now for a special meal with Jesus. It is a meal that remembers that Last Supper. Jesus himself will be your food.

To receive Jesus, you have learned to be the very best you can be. You have listened to Jesus' Word. You have followed his commands. You have prayed and told God you are sorry for your sins. God's grace lives in you. Now you are ready for your first holy Communion!

To honor Jesus' wonderful gift, you go without eating or drinking for one hour before Communion. (You may take medicine or water within that hour though.) You enter the church with your family and friends. The Mass begins and Jesus comes to you in special ways.

Jesus comes to you in his Word. You listen as the lector reads the stories from the Bible. You listen to the homilist as he talks to you about God.

Jesus comes to you in his people. You offer yourself to Jesus as the gifts are brought to the altar. At the sign of peace, you shake hands with the people sitting near you to show your love for your brothers and sisters in your Church family.

Now it is time to receive Jesus' body and blood for your very first time. What a special moment for you!

You bow your head and pray. When it is your turn, look at the consecrated host and hear the words: "The Body of Christ." Answer, "Amen." "Amen" means, "Yes! I believe this is truly Jesus." You receive the consecrated host in your hand or on your tongue. You chew, swallow, and pray, "Thank you, Jesus, for your love."

If you are offered the consecrated wine, you answer "Amen" to the words, "The Blood of Christ." You swallow a sip and return to your pew to talk to Jesus in your own special words.

Because he loves you so, Jesus gave up his life. Because he loves you so, Jesus lives again within you. What a wonderful gift! Jesus himself is alive in your heart!

"This is my body..."

"This is my blood..."

"Do this in memory of me."

CRUCIGRAMA

He aquí unas imágenes de las cosas que verás durante la Misa. Para completar el crucigrama, pon las palabras en el lugar correspondiente.

Palabras: patena, hostia, cáliz, vela, altar, banca

La Primera COMUNIÓN

PREPARACIÓN DE LOS NIÑOS PARA RECIBIR EL SACRAMENTO DE LA EUCARISTÍA

First COMMUNION

PREPARING CHILDREN FOR THE SACRAMENT OF THE EUCHARIST

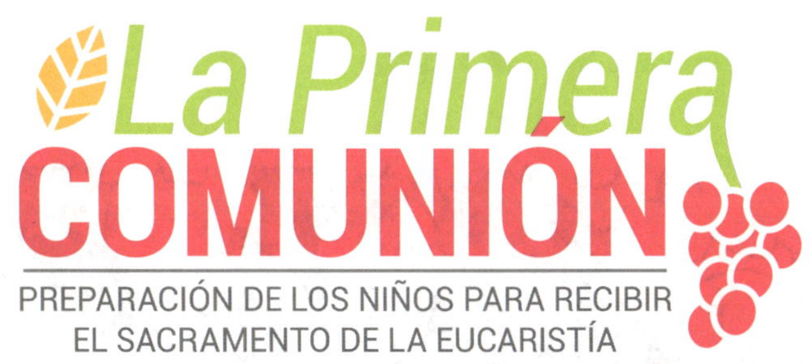

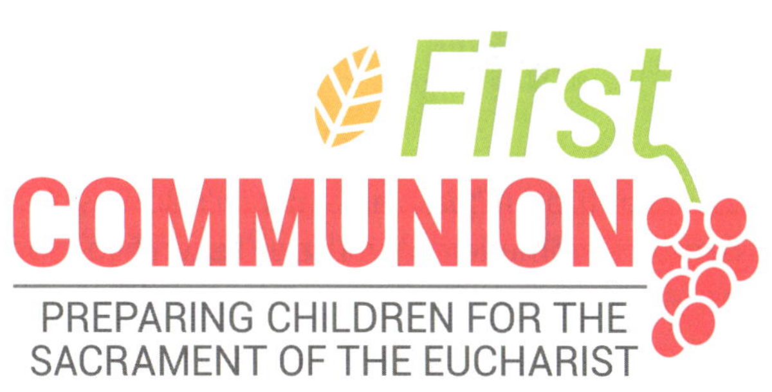

“Nosotros, aunque somos muchos, somos un cuerpo”.

“We though many, are one body.”

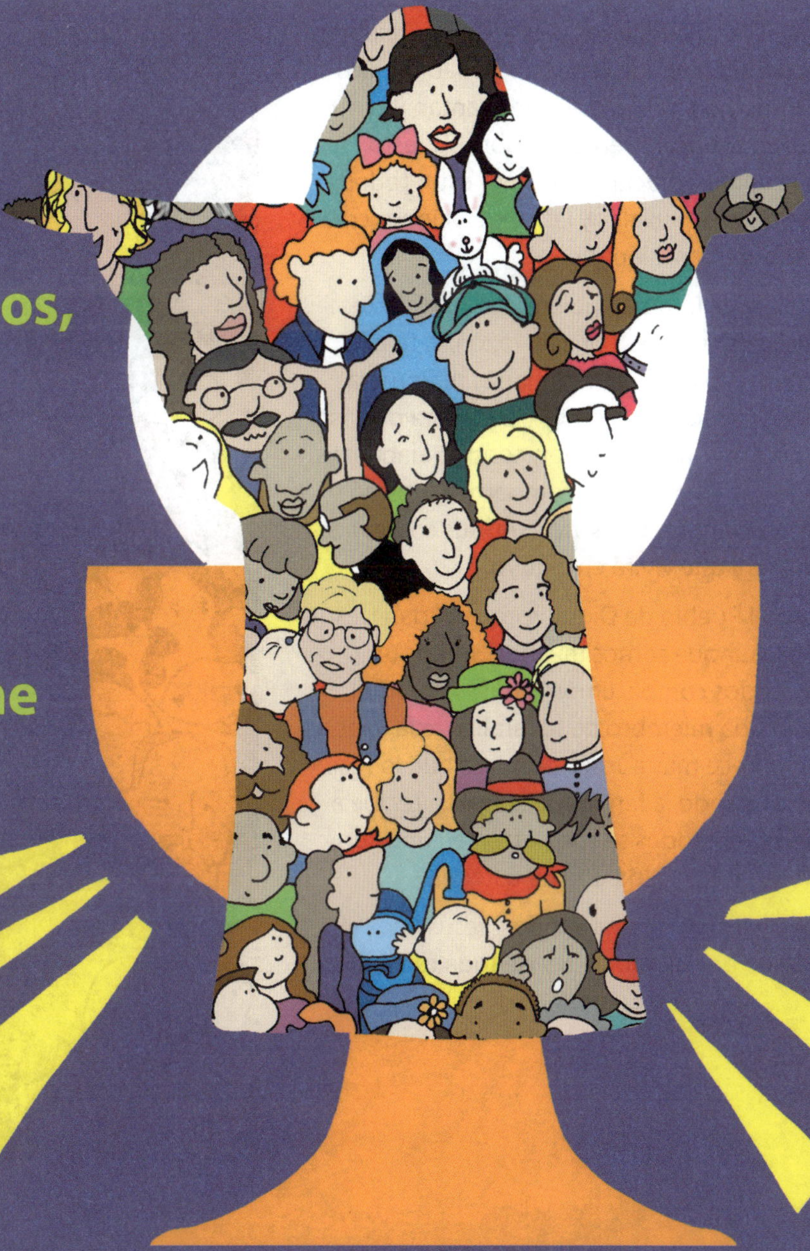

Número 7 Francine M. O'Connor Number 7

TU FAMILIA DE LA IGLESIA

Cuando te bautizaron, ¡pasó algo maravilloso! Tus padres y tus padrinos prometieron ayudartea ser un hijo especial de Dios. Mediante tu bautismo, te uniste a la familia de tu Iglesia.

Con Dios como tu Padre y Jesús como tu Hermano, es como si todo el Pueblo de Dios fuera tu familia; y te han dado la bienvenida como miembro nuevo. Ahora tienes dos familias, tu propia familia y la familia de tu Iglesia.

Piensa cómo celebra tu familia los días festivos. Celebran el Año Nuevo con una comida especial. Se dan regalos en sus cumpleaños y en Navidad. Tal vez cantan y se ríen juntos porque están contentos. Y, por supuesto, rezan juntos y le dan las gracias a Dios por estar todos juntos. Las ocasiones especiales y las celebraciones crean recuerdos que duran para siempre.

La familia de tu iglesia también quiere compartir estas ocasiones especiales contigo. Por esta razón, la familia de tu iglesia estará presente cuando hagas tu Primera Comunión. Todos escucharán contigo la Palabra de Dios. Van a estar muy contentos y cantarán contigo alabanzas a Dios. Y cuando comulges, van a compartir el mismo Cuerpo y la misma Sangre. Jesús vivirá en sus corazones de la misma manera que vivirá en el tuyo.

San Pablo le dijo al Pueblo de Dios: "Porque el pan (Jesús) es uno, nosotros, aunque somos muchos, somos un cuerpo, porque todos compartimos el mismo pan". El cuerpo, del cual cada miembro de tu familia de la iglesia es miembro, se parece más a Jesús cada vez que lo recibes en la Comunión. Cuando la familia de la Iglesia recibe a Jesús en la Comunión, todos se convierten en uno con Dios. Jesús vive y ama en cada uno de ustedes.

¡Piensa en eso! ¡Jesús vive y ama a todos! Jesús hace al mundo más bueno por medio de ti y de toda tu familia.

YOUR CHURCH FAMILY

When you were baptized, something wonderful happened! Your parents and your godparents promised to help you grow as a very special child of God. By your baptism, you joined your Church family.

With God as your Father, and Jesus as your Brother, all God's people became your family. And they welcomed you as their newest member. Now you have two families — your home family and your Church family.

Think about ways your home family celebrates special times together. You share a special dinner to celebrate Thanksgiving. You give gifts to each other for birthdays and for Christmas. Maybe you sing and laugh together just because you are happy. And, of course, you worship together to thank God for each other. Special times and celebrations make memories that last forever.

Your Church family wants to share your special times with you, too. That's why, when you make your first holy Communion, your Church family will be there. They will join with you in listening to God's Word. They will be happy with you and sing God's praises with you. And when you receive Communion, they will share the same body and blood. Jesus will live in their hearts just as he will be living in yours.

Saint Paul told God's people, "By sharing in the same loaf of bread [Jesus], we become one body, even though there are many of us" (1 Cor 10:17). That one body, of which every member of your Church family is a part, becomes more and more like Jesus every time you receive him in holy Communion. What any one of you does affects that one body. When your whole Church family receives Jesus in Communion with you, you become like one in Jesus. Jesus lives and loves in each of you.

Just think about that! Jesus lives and loves in all those people at once! Jesus makes the world more loving through you and all your family.

¡UNA ADVINANZA!

¿Cómo se llama un grupo de personas que te aman solo por ser quien eres; que te ayudan a crecer y que te enseñan acerca del amor de Dios? Algunas personas solo tienen una persona así. Tú tienes dos. Para descubrir cómo se llama este grupo, nombra cada objeto de esta página. Luego, toma la primera letra del nombre de cada objeto y escríbela en los espacios provistos.

___ ___ ___ ___ ___ ___ ___

Número 8 Francine M. O'Connor Number 8

JESÚS TE HARÁ FUERTE

¿Si tuvieras un gatito, cómo lo cuidarías? ¿Le darías de comer todos los días? ¿Le darías agua? ¿Qué crees que le pasaría al gatito si no le dieras de comer y beber?

Por supuesto que se enfermaría. Hasta podría morirse. Pero como amas tanto a tu gatito, lo cuidas muy bien. Le das comida y agua para mantenerlo fuerte y sano.

Tu papá y tu mamá te aman. Ellos te demuestran ese gran amor cuando te dan comida. Ellos quieren que estés sano. Ellos quieren que seas fuerte.

Jesús te ama mucho. Quiere que seas fuerte de una manera muy especial. Quiere que seas fuerte en el Espíritu de su amor. Quiere que estés lleno del amor de Dios Padre. Quiere que ames a tus semejantes de la misma manera que Él siempre te ha amado.

Para mantener tu espíritu fuerte, Jesús te ofrece un alimento especial. Es la comida de la Sagrada Comunión, ¡esa comida que es el mismo Jesús! Jesús quiere que recibas esta comida tan a menudo como puedas. Jesús quiere que seas fuerte de esta manera especial.

Si tu mamá te dijera: "No te voy a dar de comer porque comiste la semana pasada". ¿Qué te pasaría? Te enfermarías y no tendrías mucha fuerza. Necesitas comer todos los días. El alimento de ayer no te ayudará hoy.

Algunas personas dicen: "Yo recibo a Jesús de vez en cuando. No necesito recibirlo más". Otra gente lo recibe lo más a menudo posible. ¿Cuáles de estas personas van a ser fuertes en el amor y sanas en el espíritu?

Jesús hace que el Espíritu dentro de ti sea muy fuerte. Cuanto más recibas a Jesús, más fuerte te pondrás. Si recibes a Jesús muy a menudo, crecerá más el amor de Dios en tu corazón. Si recibes a Jesús a menudo, los dos se unirán más.

Tu Primera Comunión es el principio de una amistad muy especial entre Dios y tú. Jesús te va a ayudar a amar a tu prójimo como Él te ama a ti. Te ayudará a ser bueno. Te ayudará a rezar.

Recibe a Jesús siempre que puedas. Así la gran amistad que hay entre ustedes crecerá más. El amor entre tú y Jesús y Dios está creciendo.

Crecer con Jesús

Jesús te da un regalo especial cuando lo recibes en la Comunión. Comenzando donde está la flecha, lee una letra sí y otra no para descubrir cómo quiere Jesús que vivas.

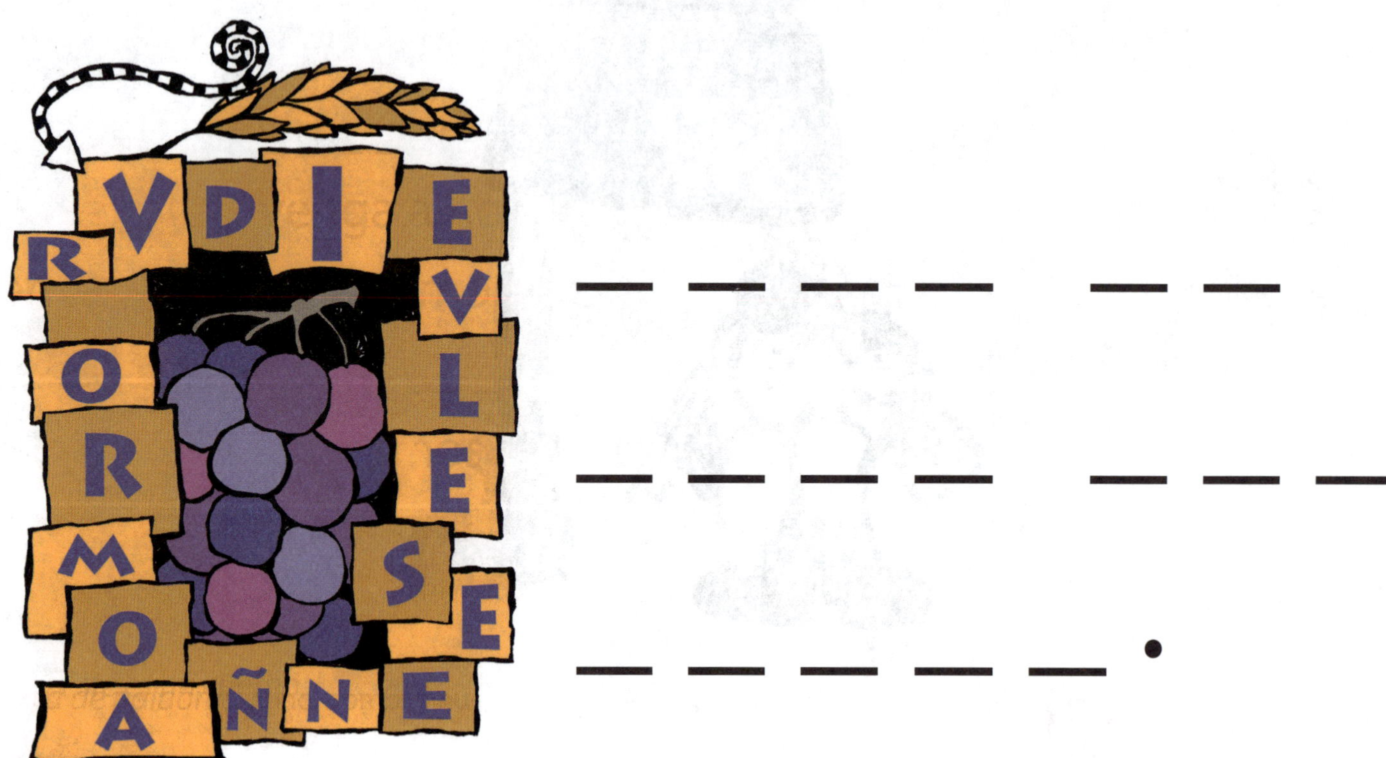

JESUS WILL MAKE YOU STRONG

If you had a little puppy, how would you take care of him? Would you feed him every day? Would you give him water to drink? What do you think would happen if you didn't feed your puppy?

Of course, he would get sick. He might even die. Because you love your puppy, you take very good care of him. You give him food and water to keep him strong and healthy.

Your mother and father love you. One way they show their love is by giving you food to eat. They want you to be healthy. They want you to grow up strong.

Jesus loves you very much. He wants you to be strong in a very special way. He wants you to be strong in the Spirit of his love. He wants you to be filled with the love of God the Father. He wants you to love others the way he has always loved you.

To keep you strong in spirit, Jesus gives you a special food. It is the food of holy Communion, the food that is Jesus himself! He wants you to receive this food as often as you can. He wants you to grow strong in this very special way.

What if your mother were to say, "I won't feed you this week because you ate last week"? What would happen to you? You wouldn't stay healthy or strong, would you? You need to eat every day. Yesterday's food won't help you today.

Some people say, "I receive Jesus once in a while. I don't need to receive him more often." Other people receive him as often as they possibly can. Which of these people will grow strong in love and healthy in spirit?

Jesus makes the Spirit in you strong. The more often you receive Jesus in holy Communion, the stronger you will become. The more often you receive him, the more God-love will grow in your heart. The more often you receive him, the closer you and Jesus will be.

Your first holy Communion is only the beginning of a special friendship between you and God. Jesus will help you love others, just the way he loves you. He will help you be kind. He will help you pray.

Receive Jesus whenever you can. Then your wonderful friendship will grow and grow and grow. You and Jesus and God growing in love together.

Growing with Jesus

Jesus gave you the special gift of himself in Communion. Starting at the arrow, read every other letter to see how Jesus wants you to live.

ALIMENTOS QUE TE HACEN FUERTE

Necesitas esta clase de comida para que tu cuerpo crezca fuerte y sano. Si no comes lo suficiente, pronto te pondrás muy débil y tal vez te enfermes. Descifra los nombres de los grupos de comida en esta página y escríbelos junto a los dibujos.

FOODS THAT MAKE YOU STRONG

You need all of these foods to help your body grow strong and healthy. If you don't get enough of them, you will soon become very weak. You might even get sick. Unscramble the names of the food groups below and write them on the dashed lines.

Para el maestro

En las vidas de los santos podemos ver ejemplos perfectos de personas que han sentido el amor de Dios.

1. Lea a los niños partes de la vida de varios santos. Algunos santos que a los niños les gustan son: santa Teresa, san Francisco de Asís, san Juan Bosco, san Martín de Porres, san Antonio, santa Bernardita o los niños de Fátima.
2. Que los niños escojan un santo que les sirva de modelo en la vida. Ponga a los niños a que hagan unos libritos en donde puedan apuntar o dibujar cómo imitaron a los santos.
3. Corte a la mitad una hoja blanca y dóblela. Ponga las dos secciones juntas, dóblelas a la mitad y engrápelas de manera que quede un librito.
4. Cada niño puede escribir o dibujar en la cubierta de su librito el nombre del santo que escogió.
5. Que los niños apunten una característica especial de su santo en cada una de las seis páginas de sus libritos (por ejemplo: Página 1: san Francisco amaba a los animales. Página 2: san Francisco trataba bien a los pobres. Página 3: san Francisco rezaba todo el tiempo. Página 4: san Francisco recibía a Jesús todos los días en la Comunión. Página 5: san Francisco enseñó a otros cómo amar a Jesús. Página 6: san Francisco amaba a todos los seres de este mundo).
6. Que los niños se dibujen a sí mismos haciendo algo que un santo haría.
7. Los niños pueden usar sus libritos para seguir el ejemplo de su santo durante toda esta semana.

Si lo aprueba el celebrante, recoja los libritos de santos o los calendarios de preparación e inclúyalos en las ofrendas que serán presentadas durante la Misa de la Primera Comunión. Estas serán las ofrendas personales para Jesús de cada niño en este día tan especial.

Para los padres

Ya viene el gran día para sus hijos. La Primera Comunión es un evento emocionante y bonito. Pero la emoción y la novedad pueden acabarse pronto si cada encuentro con Jesús en la Comunión no se convierte en algo especial.
La actitud de ustedes en relación con la Eucaristía es muy importante para sus hijos. Cada uno de ustedes tiene el potencial de ser un santo. Una relación íntima con Jesús es muy importante para su progreso espiritual. Tomen en cuenta las veces que han recibido a Jesús en la Eucaristía. ¿Hay otras oportunidades de asistir a Misa aparte del domingo? Si no pueden asistir otro día, tal vez puedan asistir en el cumpleaños de cada miembro de la familia, en el día de su santo o en otro día especial. Hablen de esto con la familia.

Para destacar el crecimiento de su hijo, durante la celebración familiar de la Primera Comunión pueden enseñar las primeras fotos que le tomaron en momentos importantes de su vida. Pueden incluir la primera foto al acabar de nacer, fotos de su bautismo, de su primer cumpleaños, de sus primeros pasos, de su primer día en la escuela, etc. Pueden pegar cada foto en un cartel con una nota que explique de lo que se trata. Esta es una buena manera de demostrar la alegría de toda su familia durante ocasiones especiales.

¡Sea feliz con su hijo en este día maravilloso!

Lea más sobre estos temas en *el Catecismo de la Iglesia Católica*

- Núm. 946-948 — la comunión de los santos
- Núm. 1394 — los efectos de la Eucaristía
- Núm. 2013-2014 — la santidad cristiana

To the Teacher

Perfect examples of people who have walked in God's love can be found in the lives of the saints.

1. Select several saints and read brief synopses of their lives to the children. Some saints who are popular with the children are Saint Therese, Saint Francis, Saint John Bosco, Saint Bernadette, or the children of Fatima.
2. Ask the children to choose one saint to pattern their lives after this week. Have the children make booklets to record their saint-actions either in words or in pictures.
3. Cut a sheet of plain white paper in half horizontally. Put the two pieces back-to-back, fold in half, and staple in booklet style.
4. The children can decorate the covers of their books with the names and drawings of their chosen saint.
5. Have them list one special attribute of their saint on each of the six inside pages of their books. (For example: Page 1, Francis loved animals. Page 2, Francis was kind to the poor. Page 3, Francis prayed all the time. Page 4, Francis received Jesus in Communion every day. Page 5, Francis taught others to love God. Page 6, Francis loved all living creatures of this world.)
6. Now ask the children to draw pictures or write examples of themselves doing something in imitation of their saint's way of life.
7. The children can use these books to follow the example of their saint all this week.

If approved by the celebrant, collect either the children's saint books or their preparation calendars and make them a part of the Offertory gifts to be presented during their first Communion Mass. These will be each child's personal offering to Jesus on this special day in their lives month progresses.

To the Parents

Your child's big day is almost here. First Communion is an exciting and beautiful event. But the excitement and newness can fade quickly unless every encounter with Jesus in Communion is made special. Your own attitude toward the Eucharist is very important to your child's view. Each of you is a saint-in-the-making. A close relationship with Jesus is important to your spiritual progress. Consider the times you receive Jesus in the Eucharist now. Are there opportunities, other than the weekend Mass, for your family to attend Mass? If it is not possible to attend on another regularly scheduled day each week, perhaps you could plan to attend on each family member's birthday or feast day or on some other day that is special to your family. Discuss this possibility in a family meeting.

To help emphasize the growth your child has been making in his or her life, consider making an arrangement of "first" pictures to display at your family celebration of this first Communion day. You can include your child's birth picture, pictures of your child's baptism, first birthday, first steps, first friends, first day of school, and so on.

You can make a collage of the pictures, with a caption below each explaining the event. This is an excellent way to not only recall happy memories but also to show the joy your whole family experiences at one another's special times. Rejoice with your child on this happy day!

From the *Catechism of the Catholic Church*

- #946-48 on the communion of saints
- #1394 on the effects of the Eucharist
- #2013-14 on the Christian call to holiness

NOTAS | NOTES

Edición: Lauren K. Borstell

Arte y diseño: Christine Kraus y Maggie Bubenik

One Liguori Drive, Liguori, MO 63057-9999.
En concordancia con *el Misal Romano, Tercera Edición*.
Permiso eclesiástico otorgado. Impreso en EE.UU.

Editor: Lauren K. Borstell

Art and design: Christine Kraus and Maggie Bubenik

One Liguori Drive, Liguori, MO 63057-9999.
Compliant with *The Roman Missal, Third Edition*. Published with ecclesiastical approval. Printed in U.S.A.

A RIDDLE

What do you call a group of people who love you just because you are you, who help you grow up strong and good, and who teach you about God's love? Some people have only one of these. You have two. Solve the rebus to find the answer to the riddle.

Página de ACTIVIDADES

Para el maestro

Haga un cartel que diga "Somos uno" y póngalo en la iglesia el día de la Comunión. Hable con su párroco antes de hacerlo. El párroco le ayudará a escoger el mejor lugar para ponerlo.

Usted va a necesitar lo siguiente:

- Un Pliego grande para hacer el cartel
- Una hoja de papel de color para cada niño (cuantos más colores, mejor)
- Pegamento
- Crayones o marcadores
- Regla
- Tijeras
- Cordón de 12 pulgadas

Antes de que la clase empiece, dibuje en la parte superior del cartel un pan. Divida el pan en piezas de rompecabezas, una para cada niño. Use estas piezas para hacer otras piezas de diferentes colores.Entregue estas piezas a los niños.

1. En la parte superior del rompecabezas, escriba en letras grandes "Somos uno". En la parte inferior, escriba en letras pequeñas "Recibimos a Jesús con nuestra familia de la Iglesia".
2. Dele a cada niño una pieza de color del rompecabezas que usted recortó (vea la ilustración).
3. Que los niños escriban en las piezas del rompecabezas su nombre de bautismo.
4. Pegue las piezas en el rompecabezas. Ahora ya tienen un pan multicolor hecho por los niños.
5. Informe a los feligreses de alguna manera que ellos también pueden añadir sus nombres al cartel.
6. En la esquina derecha inferior del cartel pongan un cordón y aten una pluma de manera que no se suelte el cordón.

El cartel ya está listo para que lo vean los feligreses el día de la Primera Comunión.

Para los padres

Los niños están aprendiendo que ellos son tan importantes para la familia de la parroquia como para su propia familia. ¡Celebren la unidad familiar esta semana!

Celebren una "Noche de recuerdos" con todos los miembros de la familia. Ayuden a su hijo a volver a vivir esos momentos tan importantes para la familia mediante fotos, recuerdos, etc. Cuéntenle a su hijo acerca del día en que fue bautizado: ¿Quiénes estuvieron? ¿Cómo se llamaba el sacerdote? ¿Cómo celebraron? Díganle a su hijo qué alegría sintieron al traer a otro miembro a la familia de Dios.

Propongan un plan para tener una celebración grande que incluya a los abuelos, tíos, tías y primos. Dejen que su hijo escoja la manera de celebrar (un día de campo, una comida especial o con pastel y helado). Decidan juntos el menú y las decoraciones apropiadas.

Si los abuelos viven muy lejos y no pueden asistir, llámenlos antes o después de ir a la iglesia. Esto les hará ver que es posible estar unidos aunque muchas millas los separen.

Lea más sobre estos temas en *el Catecismo de la Iglesia Católica*

- Núm. 790-91 — un solo cuerpo
- Núm. 949 — la comunión en la fe
- Núm. 2204-2205 — la familia cristiana

To the Teacher

Make a "We Are One" poster to be displayed in the church on first Communion day. You should discuss this with your Liturgy committee ahead of time. They will help you choose the most convenient place to hang the poster.

You will need:

- Large sheet of poster paper
- Sheet of colored construction paper for each child (use as many different colors as possible)
- Crayons or markers
- Scissors
- Glue
- Ruler
- 12" piece of string

Before class, make a light pencil sketch of a loaf of bread on the top half of your poster. Divide this into several puzzle pieces, one for each child in the class. Trace the shapes onto different pieces of colored construction paper to be passed out to the children during class.

1. Above your bread puzzle, print "We Are One" in large letters. In smaller letters, just below your puzzle, write "We receive Jesus with our Church Family."
2. Give each child a colored puzzle piece that you have cut from the construction paper.
3. Ask the children to write their baptismal names on their puzzle pieces.
4. Paste the pieces of the puzzle onto the poster. You now have a multicolored loaf of bread made up of members of the class.
5. You can add lines to the rest of the poster or, in some way, indicate that this space is for the parishioners to add their names.
6. Tape string to the bottom of the poster and tie this securely to a pen or marker.

Your poster is now ready to greet your parish family on first Communion day.

To the Parents

The children are learning that they are an important part of their parish family as well as their home families. Celebrate family this week!

Have a "Memory Night" with your whole family. Using photos, souvenirs, and so forth, help your child relive those family memories that are so important to your unity. Tell your child about the day he or she was baptized — Who was there? What was the name of the priest? What did you do to celebrate? Tell your child how happy you all felt to have brought one more member into God's family.

Plan a family celebration, including as many members of the extended family (grandparents, uncles, aunts, cousins) as possible, for your child's first Communion day. Let your child select how you will celebrate (family picnic, festive meal, cake and ice cream party). Together decide on the menu and (where appropriate) decorations.

If grandparents live too far away to attend your celebration, include them by planning a long-distance call before or after going to the church. This will help emphasize that unity is possible even though miles may separate you.

From the *Catechism of the Catholic Church*

- #790-91 on the Church as one body
- #949 on Church as communion of faith
- #2204-5 on the Christian family

NOTAS | NOTES

Edición: Lauren K. Borstell

Arte y diseño: Christine Kraus y Maggie Bubenik

One Liguori Drive, Liguori, MO 63057-9999.
En concordancia con *el Misal Romano, Tercera Edición*. Permiso eclesiástico otorgado. Impreso en EE.UU.

Editor: Lauren K. Borstell

Art and design: Christine Kraus and Maggie Bubenik

One Liguori Drive, Liguori, MO 63057-9999.
Compliant with *The Roman Missal, Third Edition*. Published with ecclesiastical approval. Printed in U.S.A.

PICTURE CROSSWORD

Here are some pictures of things you will see at Mass. Can you find their names in the word list and fill them into the right places in the puzzle?

Word List: paten, host, chalice, candle, altar, pew

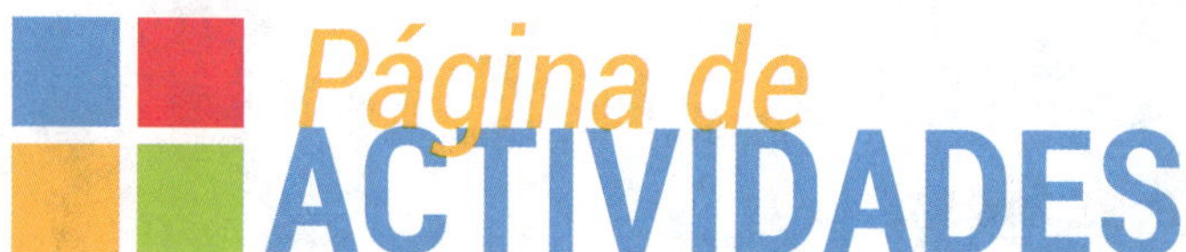

Página de ACTIVIDADES

Para el maestro

He aquí un modelo de oración para que los niños comprendan mejor el misterio de la Eucaristía.

Usted va a necesitar:

- Un plato que sirve de patena, vinagreras y un cáliz
- Una mesa pequeña
- Un mantel blanco
- Fósforos para prender las velas
- Una vela grande
- Una vela pequeña para cada niño, decorada por él
- Candelabros para las velas
- Una Biblia

Antes de empezar la clase, cubra la mesa con un mantel blanco y ponga encima la Biblia, los fósforos y la vela grande. Ponga las velas pequeñas en sus contenedores y déjelas en la mesa. Explique lo que cada objeto significa a medida que los va poniendo en la mesa. Dígales a los niños que se acerquen a la mesa. Encienda la vela grande.

Cada niño debe encender una vela chica con la grande. Mientras ellos hacen esto, explique que la Palabra de Dios es como una luz que ilumina la oscuridad en sus mentes. Sin esta Palabra, nunca hubieran conocido el gran amor que Dios les tiene.

Escoja una canción de alabanza a Dios para que todos la canten.

Invitación a la oración:

Líder: Padre, nos hemos reunido para orar en nombre de Jesús, tu Hijo. Esperamos ser uno en nuestro amor por ti cada día. Y ahora, mientras escuchamos tu Palabra, ayúdanos a aprender a vivir y a amar como hijos tuyos, por Cristo nuestro Señor.

Todos: Amén.

Lectura: Juan 15:9-17

Intercesiones:

Líder: Señor, ayúdanos a recordar que moriste para salvarnos de nuestros pecados. Roguemos al Señor.

Todos: Señor, escúchanos.

Líder: Jesús, ayúdanos a mostrar a otros que vives en nuestros corazones y en nuestro amor. Roguemos al Señor.

Todos: Señor, escúchanos.

Líder: Señor, te damos las gracias por venir a nosotros en la Comunión de pan y vino. Ayúdanos a estar siempre cerca de ti. Roguemos al Señor.

Todos: Señor, escúchanos.

Oración final

Líder: Padre celestial, nos has dado a tu Hijo Jesús para que podamos conocer tu inmenso amor. Mientras nos preparamos para recibir nuestra Primera Comunión, llena nuestros corazones con el deseo de abrazar a nuestro hermano Jesús. Te pedimos esto por medio de Él, que vive y reina contigo para siempre.

Todos: Amén.

Para terminar, canten una alabanza a Dios.

Para los padres

Esta semana ayuden a su hijo a preparar las invitaciones para sus parientes y amistades. Pueden hacer las invitaciones con hojas blancas. Doblen la hoja a la mitad empezando por la parte superior, luego dóblenla a la mitad de lado a lado.

Que su hijo decore las invitaciones con sus propios dibujos, añadiendo las siguientes palabras: los invito a mi Primera Comunión.

Como su hijo probablemente va a escribir muchas invitaciones, ayúdenle mandando a imprimir una invitación personal que vaya dentro de la tarjeta. Incluyan la hora de la Misa, el domicilio de la iglesia, etc.

Planeen con su hijo el modo de hacer de este un día muy especial para la familia. Además, revisen las actividades que su hijo ha anotado en su calendario.

Lea más sobre estos temas en *el Catecismo de la Iglesia Católica*

- Núm. 610-611 — la Última Cena
- Núm. 1345-1355 — la Liturgia de la Eucaristía
- Núm. 1391 — la Comunión y la unión con Cristo

To the Teacher

Here is a prayer service to help the children enter more fully into the mystery of the Eucharist.

You will need:

- Elements of Communion — paten, cruets, chalice
- Small card table
- White tablecloth
- Taper to light candles
- Large candle
- Small candle for each, decorated by the children
- Sheet of Styrofoam or clay to hold the small candles
- Bible

Before class, have the table covered and set with the Bible, the taper, and the large candle. Secure the small candles into the Styrofoam or clay and display on the table. Explain the purpose of each Communion item to the children and place it on the table. Have the children gather near the table. Light the large candle.

Have each child come forward and light a small candle from the large one, using the taper. As they are doing this, explain that the Word of God is like a light, brightening the dark corners of their minds. Without the Word of God, they would never have known of the wonderful love that God the Father feels for them.

Have the class sing "God is..." from ABC's in Song or a similar song.

Call to Worship

Leader: Father, we have gathered to pray in the name of Jesus your Son. May we be one in our love for you today and every day. And now, as we listen to your Word, help us learn to live and love as your children, through Christ our Lord.

All: Amen

Reading: John 15:9-17

Prayer of Intercession

Leader: Jesus, help us always remember that you died to save us from our sins. For this, we pray to the Lord.

All: Lord, hear our prayer.

Leader: Jesus, help us show others that you live on in our hearts and in our love. For this, we pray to the Lord.

All: Lord, hear our prayer.

Leader: Jesus, we thank you for coming to us in the bread and wine of Communion. Help us stay close to you always. For this, we pray to the Lord.

All: Lord, hear our prayer.

Closing Prayer

Leader: Heavenly Father, you have given us your Son Jesus that we might know your great love. As we prepare to receive our first holy Communion, come fill our hearts with a special desire to embrace our Brother Jesus. We ask this through him, who lives and reigns with you forever.

All: Amen

All sing "I Saw Jesus Today" from ABC's in Song or a similar song as the prayer service closes.

To the Parents

This week, help your child make invitations for relatives and friends to join your family on his or her first Communion day. The invitations can be made of plain white sheets of paper. Fold the paper in half from the top, then in half from the side.

Have your child decorate the front of the invitation with his or her own drawings, adding, "Come Celebrate My First Holy Communion."

Since your child will probably be making several invitations, help out by printing a personal invitation on the inside. Include the time of the Mass, location of the church, and so forth.

Discuss with your child how you as a family plan to make this day special. Also, check your child's activities on his or her preparation calendar.

From the *Catechism of the Catholic Church*

- #610-11 on the Last Supper
- #1345-55 on the Liturgy of the Eucharist
- #1391 on Communion and union with Christ

NOTAS | NOTES

Edición: Lauren K. Borstell

Arte y diseño: Christine Kraus y Maggie Bubenik

One Liguori Drive, Liguori, MO 63057-9999.
En concordancia con *el Misal Romano, Tercera Edición*. Permiso eclesiástico otorgado. Impreso en EE.UU.

Editor: Lauren K. Borstell

Art and design: Christine Kraus and Maggie Bubenik

One Liguori Drive, Liguori, MO 63057-9999.
Compliant with *The Roman Missal, Third Edition*. Published with ecclesiastical approval. Printed in U.S.A.

JESUS CALLS YOU TO COME

The story about Martha and Mary shows how each of them loved Jesus very much.

They each chose a different way to show Jesus their love. Martha wanted everything to be just right for him. She went straight to the kitchen and started cooking a special meal.

But Mary never left his side. She sat down at his feet. She listened to his stories. She gazed at him with love.

Martha was loving Jesus in a busy way. Mary wanted nothing more than to be close to her Lord.

Jesus said that Mary had chosen the best way! She listened to his words. She showed him her love. She remained by his side. Later she would serve him by following his Word.

Soon you will receive Jesus on your first Communion day. He will come and live in your heart. How will you get ready?

Do as Mary did! First, listen to Jesus' words...then show him all your love by following his commands.

Jesus said, "Love God with all your heart and mind." Love God in your prayers each day. Love God by going to Mass often. Love God by listening to God's Word. Love God by saying you're sorry when you have sinned.

Jesus said, "Love one another as I have loved you." Love Jesus by loving others. Love Jesus by sharing your things. Love Jesus by helping at home. Love Jesus by forgiving others.

Get ready for Jesus to visit. Do as Mary did. First listen to his words and then follow his commands.

Getting Ready for Jesus!

You are getting ready to receive Jesus in holy Communion. Before that day comes, you will want to get yourself ready. Unscramble these words and see the two ways Jesus wants you to prepare to receive him. Then fill in the blanks with ways you can follow Jesus' commands.

1. ELVO OGD TWHI LAL UROYH AHETR.

____

____

I will show my love for God by saying my ____________________

I will show my love for God by listening to God's Word at ____________________

2. ELVO NOE ONAEHTR SA I ELVO OYU.

____

____

I will show my love for others by helping at ____________________

I will show my love for others by always being ____________________

Para el maestro

Me preparo para Jesús

Al acercarse el día de su Primera Comunión, es importante que los niños se vayan preparando para vivir una vida cristina interior (orando) y exterior (amando a sus prójimos). Si usted ha estado siguiendo esta serie de boletines como es debido, nada más deben quedar cuatro semanas para el gran día. Empiecen a prepararse ahora.

Que los niños recorten el calendario incluido en este boletín. El calendario es para que anoten o dibujen sus actividades en preparación a la Primera Comunión. Los niños deben marcar el día de la Primera Comunión con una estrella o una cara sonriente.

A continuación sugerimos algunas actividades para la preparación de los niños, quienes pueden añadir sus propias ideas.

- Soy bueno con los demás.
- Comparto mis cosas.
- Soy cortés.
- Limpio mi cuarto.
- Perdono a otros.
- Pido disculpas.
- Demuestro mi amor.
- Me acuerdo de rezar.
- Voy a Misa.

Los niños deben anotar en su calendario cada actividad que cumplan, hasta que llegue el día de la Primera Comunión. También deben colgar los calendarios en sus casas y anotar las actividades durante el mes.

Para los padres

Hoy su hijo va a traer a casa un calendario para su preparación. Ayúdelo a cumplir las actividades sugeridas para cada día. Estas actividades van a ayudar al niño en su vida cristiana, pero el hábito de rezar debe empezar en el hogar. Si ustedes no han establecido un período para que toda la familia rece junta, este sería un buen momento. Aliente a la familia para que recen libremente.

Además de las oraciones espontáneas, enséñenles a sus hijos estas oraciones tradicionales rezando todos juntos.

EL PADRENUESTRO

Padre Nuestro, que estás en el cielo,
santificado sea tu Nombre;
venga a nosotros tu Reino;
hágase tu voluntad en la
tierra como en el cielo.
Danos hoy nuestro pan de cada día;
perdona nuestras ofensas,
como también nosotros
perdonamos a los que nos ofenden;
no nos dejes caer en la tentación,
y líbranos del mal. Amén.

EL AVEMARÍA

Dios te salve, María;
llena eres de gracia,
el Señor es contigo.
Bendita tú eres entre todas
las mujeres y bendito es el
fruto de tu vientre, Jesús.
Santa María, Madre de Dios,
ruega por nosotros pecadores
ahora y en la hora de nuestra
muerte. Amén.

ORACIÓN DE ALABANZA

Gloria al Padre, y al Hijo,
y al Espíritu Santo.
Como era en el principio,
ahora y siempre,
por los siglos de los siglos. Amén.

Lea más sobre estos temas en *el Catecismo de la Iglesia Católica*

- Núm. 1698 —la vida en Cristo
- Núm. 2196 —amor al prójimo
- Núm. 2699 —oración

To the Teacher

I Prepare for Jesus

As they approach their first holy Communion, it is important that the children prepare themselves to live the Christian life both internally (prayer) and externally (love of neighbor). If you are following this series, there should be just four weeks left until the big day. Preparation should begin now.

Have the children cut out the calendar on the inside of this handout. They will use the calendar to record their preparation activities in either words or pictures. Have the children mark the day of their first Communion with a star or smiling face.

Some suggested preparation activities are listed below. The children can add ideas of their own.

- I am kind to others.
- I share my things.
- I am polite.
- I help others.
- I clean my room.
- I forgive others.
- I say I am sorry.
- I show my love.
- I remember my prayers.
- I go to Mass.

Each day until the day of their first Communion, the children are to fulfill one of their activities and indicate this on their calendars. Have them take their calendars and hang them where they can add activities as the month progresses.

To the Parents

Today your child will bring home a preparation calendar. Help him or her fulfill the suggested activities each day by providing opportunities for helping, loving, and so forth. These activities will prepare your child in the externals of Chrisitan life, but the establishment of a prayer habit should begin in the home. If you do not have a family prayer time, this could be a good opportunity to start one. Encourage spontaneous prayer during this time.

In addition to spontaneous prayer, you can help your children learn the following traditional prayers by saying them together.

Lord's Prayer

Our Father who art in heaven,
hallowed be thy name.
Thy kingdom come.
Thy will be done on earth,
as it is in heaven.
Give us this day our daily bread,
and forgive us our trespasses,
as we forgive those who trespass
against us,
and lead us not into temptation,
but deliver us from evil. Amen

Hail Mary

Hail Mary, full of grace.
The Lord is with you.
Blessed are you among women,
and blessed is the fruit of your
womb, Jesus.
Holy Mary, Mother of God,
pray for us sinners,
now and at the hour of our death. Amen

Prayer of Praise

Glory to the Father,
and to the Son,
and to the Holy Spirit;
as it was in the beginning,
is now, and will be forever. Amen.

From the *Catechism of the Catholic Church*

- #1698 on life in Christ
- #2196 on love of neighbor
- #2742-45 on prayer

NOTAS | NOTES

Edición: Lauren K. Borstell

Arte y diseño: Christine Kraus y Maggie Bubenik

One Liguori Drive, Liguori, MO 63057-9999.
En concordancia con *el Misal Romano, Tercera Edición*. Permiso eclesiástico otorgado. Impreso en EE.UU.

Editor: Lauren K. Borstell

Art and design: Christine Kraus and Maggie Bubenik

One Liguori Drive, Liguori, MO 63057-9999.
Compliant with *The Roman Missal, Third Edition*. Published with ecclesiastical approval. Printed in U.S.A.

A TIME TO REMEMBER AND CELEBRATE

Family celebrations are fun. There is a special time for all of God's family to come together and celebrate the gift that Jesus gave to us before he died, the gift of himself. Solve the rebus to find out the name of our celebration.

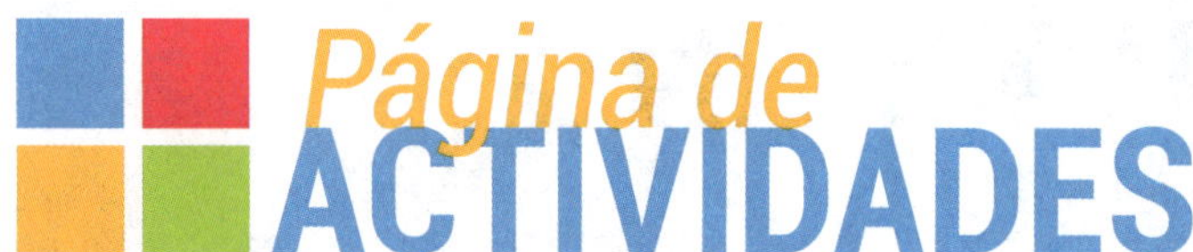

Página de ACTIVIDADES

Para el maestro

Algo importante en la preparación de los niños para la Primera Comunión, es que entiendan que la Misa es una celebración en la cual la familia agradece al Padre por su amor y a Jesús por darse a sí mismo. Que cada niño haga un estandarte para llevarlo a casa esta semana.

Cada niño va a necesitar:

- Papel para dibujar
- Crayones o marcadores
- Papel de color
- Unas tijeras
- Un trozo de estambre o hilo de 12 pulgadas
- Una perforadora

1. Que los niños escriban: FELICES SOMOS LOS QUE HEMOS SIDO LLAMADOS A LA CENA DEL SEÑOR en sus estandartes, dejando espacio para pegar el cáliz y la patena. Ayude a los niños a hacer sus estandartes conforme los cinco pasos a continuación (vea la ilustración).
2. Dibuje el cáliz y la hostia en un papel de color y córtelos. Péguelos en el estandarte.
3. Haga un agujero en la parte superior derecha y otro en la parte superior izquierda.
4. Pase el estambre o el hilo por los agujeros y amárrelo.
5. Permita que los niños caminen por el salón, para que sus compañeros pongan su firma en el estandarte.

Aliente a los niños a que guarden sus estandartes como un recuerdo de sus compañeros, quienes con ellos se prepararon para recibir a Jesús.

Para los padres

Durante la preparación para recibir su Primera Comunión, los niños están aprendiendo que la Misa significa una celebración del regalo de Dios y es una representación de la Ultima Cena. Aquí tienen unas sugerencias que tal vez les ayuden a preparar a su hijo para hacer su parte en la Misa.

- Un día, si es posible, vayan a una iglesia y enséñenle a su hijo algunas cosas que tal vez no vaya a notar durante la Misa: el sagrario, la vela para la vigilia, las estaciones, etc. Explíquele lo que significan.
- Compren en una librería católica un Misal con ilustraciones. Ayuden a su hijo a identificar las partes de la Misa.
- Antes de empezar la Misa, lean y hablen con su hijo sobre el Evangelio y otras lecturas. Ayúdenle a entender el mensaje.
- ¡Lleguen temprano a Misa! Siéntense lo más cerca que puedan al santuario. Nada le aburre más a un niño que sentarse donde no puede ver nada.
- Ustedes mismos pongan el ejemplo de la actitud espiritual necesaria durante la Misa. Participen con interés en el canto y en las oraciones. Animen a su hijo para que haga lo mismo.
- Animen a su hijo para que vea en su Misal lo que está sucediendo en la Misa. Si su niño ya puede leer bien, deben darle uno de los misales que hay en la iglesia.
- En el camino a casa desde la Misa, habla sobre el mensaje Evangelio. Piensa en maneras que pueden incluir esto en sus vidas.

Lea más sobre estos temas en *el Catecismo de la Iglesia Católica*

- Núm. 1341, 1356-1357 — La Comunión como memorial
- Núm. 1342-1344 — La Misa como enfoque
- Núm. 2770 — El Padre Nuestro

ACTIVITIES Page

To the Teacher

Understanding the Mass as a family celebration of love of the Father and the self-gift of Jesus is an important part of preparing the children for their first Communion. This week have the children make individual banners that they can take home.

For each child, you will need:

- Drawing paper
- Crayons or markers
- Colored paper
- Scissors
- One 12" piece of yarn or string
- Hole punch

1. Have the children write, "Happy are we who are called to the Lord's Supper" on their banners, leaving room to paste in the chalice and host. Help the children follow the next five steps in the making of their banners.

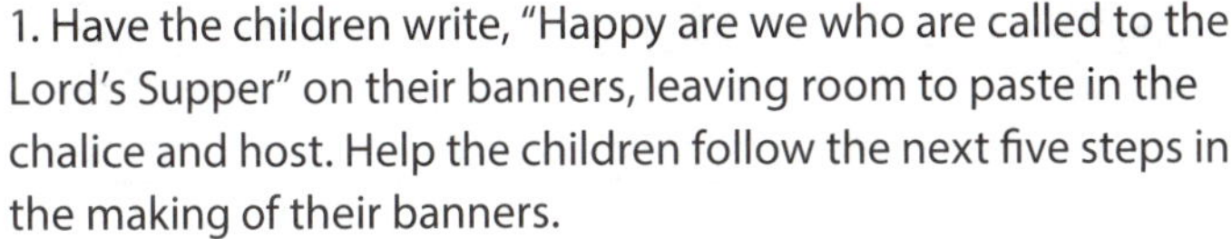

2. Draw the chalice and host, as above, on colored paper and cut them out. Paste them on the banner.

3. Punch holes in the top right- and left-hand corners.

4. Thread the string or yarn through the holes, knotting it at both ends.

5. Now give the children freedom to walk around the room and have their classmates sign their banners.

Encourage the children to keep their banners as a remembrance of the classmates who shared their preparation to receive Jesus.

To the Parents

In preparation for their first holy Communion, the children are learning the significance of the Mass as a celebration of God's gift and as a reenactment of the Last Supper. Here are some suggestions that might help prepare your child for his or her part in Mass.

- If possible, visit the church sometime during the week. Point out those things your child might miss during Mass — the tabernacle, the vigil candle, the Stations, and so forth. Explain their significance.
- Purchase a picture missal at your local Catholic bookstore. Read the book with your child and identify the different sections of the Mass.
- Before Mass, read and discuss the gospel and the readings with your child. Help him or her identify with the message.
- Arrive at Mass early! Sit as close to the sanctuary as possible. Nothing turns a child off faster than to see nothing but the backs of people's heads.
- Set an example of the spiritual attitude necessary for Mass by your own prayerful attention. Join heartily in the prayer responses and singing. Encourage your child to do the same.
- Encourage your child to follow the Mass in the picture missal or, if your child's reading ability is advanced enough and if your parish provides them, a missalette.
- On the way home from Mass, discuss the gospel message. Think of ways you can fit this into your lives.

From the *Catechism of the Catholic Church*

- #1341, 1356-57 on Communion as a memorial celebration
- #1342-44 on Mass as center of Church's life
- #2770 on the Lord's Prayer

NOTAS | NOTES

Edición: Lauren K. Borstell

Arte y diseño: Christine Kraus y Maggie Bubenik

One Liguori Drive, Liguori, MO 63057-9999.
En concordancia con *el Misal Romano, Tercera Edición*. Permiso eclesiástico otorgado. Impreso en EE.UU.

Editor: Lauren K. Borstell

Art and design: Christine Kraus and Maggie Bubenik

One Liguori Drive, Liguori, MO 63057-9999.
Compliant with *The Roman Missal, Third Edition*. Published with ecclesiastical approval. Printed in U.S.A.

"THIS IS MY BODY"

Jesus loves you so much he wants to share his life with you.
Before he died, Jesus found a very special way to live in your heart forever.
Do you know what that way was?

Unscramble these letters to discover a way to have Jesus in your heart all the time.

OHYL

____

OMCMUINNO

____

Página de ACTIVIDADES

Para el maestro

La consolación y promesa de Jesús en la Última Cena (Juan 14) es uno de los pasajes más bonitos de la Biblia. Hemos seleccionado unos pasajes y los hemos dividido en diez lecturas. Los niños deben leer las lecturas tomando turnos. Si hay más de diez niños, pueden subdividir los pasajes.

Niño 1: "No se turben; ustedes creen en Dios, crean también en mí. En la casa de mi Padre hay muchas mansiones, y voy allá a prepararles un lugar (si no fuera así, se lo habría dicho). Pero, si me voy a prepararles un lugar, es que volveré y los llevaré junto a mí, para que, donde yo estoy, estén ustedes también" (1-3).

Niño 2: "Señor, no sabemos a dónde vas, ¿cómo vamos a conocer el camino?" (5).

Niño 3: "Yo soy el camino, la verdad y la vida. Nadie viene al Padre sino por mí. Si me conocen a mí, también conocerán al Padre. Desde ya ustedes lo conocieron y lo han visto" (6-7).

Niño 4: "Señor, muéstranos al Padre y eso nos basta" (8).

Niño 5: "Hace tanto tiempo que estoy con ustedes ¿y todavía no me conoces, Felipe? El que me ha visto mí ha visto al Padre" (9).

Niño 6: "El Padre, que está en mí, es el que hace sus obras... si me piden algo en mi nombre, yo lo haré" (10-13).

Niño 7: "El que conoce mis mandamientos y los guarda es el que me ama. Y mi Padre amará al que me ama a mí, y yo también lo amaré y me mostraré a él" (21).

Niño 8: "Si alguien me ama, guardará mis palabras, y mi Padre lo amará y vendremos a él para hacer nuestra morada en él" (23).

Niño 9: En adelante el Espíritu Santo les va a enseñar todas las cosas y les recordará todo lo que les enseñé mientras estuve con ustedes.

Niño 10: Les dejo la paz, les doy mi paz. La paz que yo les doy no es como la que da el mundo. Que no haya en ustedes ni angustia ni miedo (27).

Después de la lectura, hable con los niños sobre estos pasajes. Pregúnteles cómo les afectan las declaraciones y las promesas de Jesús; también cuál pasaje habla del Cielo, cuál del Espíritu Santo, etc. Ayúdeles a recordar que estas promesas fueron hechas para todos nosotros.

Para los padres

Para reforzar la lección de esta semana, dediquen tiempo para leerle a su hijo un pasaje de la Última Cena (Mateo 26,26-29 o Marcos 14,22-25). Hablen de cómo Jesús dio de sí mismo de esta manera tan especial, para que así pueda vivir y obrar a través nosotros como el Padre vivió y obró por medio de él.

Pregúntenle a su hijo cómo puede dar de sí mismo a los demás (a través de la amistad, compartiendo juguetes, ayudando con los quehaceres).

Entonces pregúntenle a su hijo cómo puede compartir de sí mismo con Dios (rezando, asistiendo a Misa, obedeciendo los mandamientos).

Díganle a su hijo que ponga esa lista donde la pueda ver todos los días, para que así aprenda a amar a Dios y a su prójimo.

Ayuden a su hijo para que aprenda a decir la oración a continuación durante la comunión en la Misa.

Oración después de la comunión

Jesús, sé que realmente estás
presente en el pan de la Comunión.
He venido porque siempre
me gusta tenerte cerca de mí.

Cuando te recibo en mi corazón,
siento tu dulce presencia.
Jesús, tú que estás presente en
el pan de la Comunión,
bendice al pequeño que está
arrodillado ante ti.

Lea más sobre estos temas en *el Catecismo de la Iglesia Católica*

- Núm. 151 — Creer en Cristo, el Hijo de Dios
- Núm. 610-611 — la Última Cena
- Núm. 661 — Jesús en el Cielo
- Núm. 2615 — Jesús enseña a orar

ACTIVITIES Page

To the Teacher

The consolation and promise of Jesus at the Last Supper (John 14) is one of the most beautiful passages in the Bible. We have taken selections from this passage and broken them into ten readings. Have the children take turns reading the different parts. If there are more than ten children in the class, the passages can be further broken down.

Child One: "Don't be worried! Have faith in God and have faith in me. There are many rooms in my Father's house. I wouldn't tell you this, unless it was true. I am going there to prepare a place for each of you. After I have done this, I will come back and take you with me. Then we will be together. You know the way to where I am going" (1-4).

Child Two: "Lord, we don't even know where you are going! How can we know the way?" (5).

Child Three: "I am the way, the truth, and the life! Without me, no one can go to the Father. If you had known me, you would have known the Father" (6-7).

Child Four: "Lord, show us the Father. That is all we need" (8).

Child Five: "Philip, I have been with you for a long time. Don't you know who I am? If you have seen me, you have seen the Father" (9).

Child Six: "The Father who lives in me does these things. Ask me, and I will do whatever you ask" (10,13).

Child Seven: "If you love me, you will do what I have said, and my Father will love you. I will also love you and show you what I am like" (21).

Child Eight: "If anyone loves me, they will obey me. Then my Father will love them, and we will come to them and live in them" (23).

Child Nine: "The Spirit will teach you everything and will remind you of what I said while I was with you" (26).

Child Ten: "I give you peace, the kind of peace that only I can give.It isn't like the peace that this world can give. So don't be worried or afraid" (27).

After the reading, discuss these passages with the children. Ask them how Jesus' words and promises make them feel, which passage talks about heaven, the Holy Spirit, and so forth. Help them recognize that these promises were made to all of us.

To the Parents

To emphasize this week's lesson with your child, take time to read a biblical account of the Last Supper (Mt 26:26-30 or Mk 14:22-26). Discuss how Jesus shares himself with us in this special way so that he can live and work through us, just as God the Father lived and worked through Jesus.

Ask your child to list several ways that he or she can share himself or herself with others (making friends, sharing toys, helping at home).

Now ask your child to add to the list some ways that he or she can share himself or herself with God (praying, going to Mass, keeping the commandments).

Ask your child to keep the list where he or she can look at it every day, to help him or her grow in love for God and for neighbor.

Help your child learn and say the following prayer during Communion at Mass.

Communion Prayer

Jesus in the Communion bread,
I know that you are really here.
I've come especially because
I always love to have you near.

When I receive you in my heart,
I feel your Presence ever dear.
Jesus in the Communion bread,
bless your child who's kneeling here.

From the *Catechism of the Catholic Church*

- #151 on belief in Jesus
- #610-11 on the Last Supper
- #661 on Jesus as access to heaven
- #2615 on Jesus' teachings on prayer

NOTAS | NOTES

Edición: Lauren K. Borstell

Arte y diseño: Christine Kraus y Maggie Bubenik

One Liguori Drive, Liguori, MO 63057-9999.
En concordancia con *el Misal Romano, Tercera Edición*. Permiso eclesiástico otorgado. Impreso en EE.UU.

Editor: Lauren K. Borstell

Art and design: Christine Kraus and Maggie Bubenik

One Liguori Drive, Liguori, MO 63057-9999.
Compliant with *The Roman Missal, Third Edition*. Published with ecclesiastical approval. Printed in U.S.A.

A GIFT FROM JESUS

I am the Bread of Life.

Jesus fed thousands of people with a few loaves of bread. The people were surprised and happy. They had been hungry but now they were full. "This bread is a gift of God," they thought, "a gift of love for the people."

Jesus fed the people with bread. But he had more to tell them. "I am the Bread of Life," he said. "No one who comes to me will ever be hungry. No one who has faith in me will ever be thirsty" (Jn 6:35). The people did not understand. "How can a man be bread?" they wondered.

"I am the Bread of Life." It is a strange saying. It is a mysterious saying. It is a saying filled with love.

When the people were hungry, Jesus gave them bread to eat. But people need more than bread. People need God's love. People need God's life. People need a gift that lasts forever. Jesus was talking about the gift of himself, the true "Bread of Life."

How can Jesus be bread? If you are hungry for food, bread will fill your hunger. But you have other kinds of hunger. When you are sad and hungry for love, Jesus can fill your heart with his love. When you are lonesome, hungry for friends, you have Jesus to talk to in your prayers. When you make a mistake, when you are angry, or when you get mixed up about right or wrong, Jesus will forgive you. He will teach you how to be good.

"I am the Bread of Life." Jesus is the Bread of Life. He will fill all your hungers. He will help you to be good. He will be with you every day of your life. This is the wonderful gift that you will receive soon: Jesus himself, in the Communion Bread. Remember what Jesus said, "Everyone who eats [the Bread of Life] will live forever. My flesh is the life-giving bread that I give to the people of this world" (Jn 6:51).

A Gift Is Something Special

It is great fun to receive gifts from people who love you. Draw a picture in this box of something you would like to receive as a gift. Jesus has a gift for you — a very special gift. Do you know what that gift is?

Página de ACTIVIDADES

Para el maestro

El regalo que Jesús nos da en la Sagrada Comunión es el regalo de sí mismo. Una madre da de sí misma, cuando prepara una comida especial para la familia. Un padre da de sí mismo cuando le ayuda a su hijo con la tarea. Un profesor da de sí mismo, cuando alienta a los niños a estudiar. Esta semana usted puede ayudar a los niños a que encuentren nuevas formas de darse a sí mismos, haciendo libros de cupones que expliquen sus regalos.

Los niños van a necesitar:

- No menos de 6 tarjetas por niño de 3 x 5 pulgadas de tamaño
- Perforadora
- Marcadores de varios colores
- Hilos de estambre de 6 a 8 pulgadas de largo

Que los niños hagan lo siguiente:

1. En una de sus tarjetas, deben escribir: "Un regalo de mí mismo". Deje que los niños adornen la cubierta de la tarjeta con retratos o diseños.
2. Con la perforadora de papeles perfore la parte superior izquierda de las tarjetas. Amarren las tarjetas con el estambre, teniendo cuidado de que la tarjeta adornada quede arriba.
3. Hable con los niños sobre la maneras en que ellos pueden darse a sí mismos. He aquí unas ideas: ayudando a su mamá a lavar los platos; haciendo una tarjeta para alguien que está solo o enfermo; compartiendo un juguete con un amigo. Pídales a los niños sus sugerencias.
4. En la parte superior de cada tarjeta, deben escribir: "Este cupón te da derecho a..."
5. Que los niños escriban en cada cupón el regalo de sí mismos que piensan dar. Si no tienen suficientes regalos para llenar los cupones, recuérdeles que pueden dar el mismo regalo más de una vez.
6. Los niños deben dejar espacio en la parte de abajo para poner el nombre de la persona a quien le van a dar el cupón. Por ejemplo: Mamá, Papá, Abuelita, Mónica, Gustavo, etc.
7. Dígales que cada vez que den un cupón, pueden apuntar ese regalo en una hoja y pegarla en su Árbol de Jesús.

ESTE CUPON
TE DA DERECHO A...

____

____

PARA:__________ **DE:**__________

Para los padres

La mayoría de los niños están acostumbrados a pensar que un regalo es algo material. Antes de que su hijo pueda entender lo que significa la Sagrada Comunión, él o ella debe entender que una persona puede darse a sí misma como regalo.

En los quehaceres cotidianos que sus hijos dan por descontado, ustedes se están dando a sí mismos. Ustedes pueden hacerles saber esto, diciendo: "Hoy mi regalo para ti es...". Y dígale a su hijo que lo hizo "porque te amo".

Hay otras obras que podrían ser acciones de ofrecimiento de uno mismo como un regalo. Por ejemplo: si un vecino le hiciera un favor a usted o alguien de su familia, explique la manera en que ese vecino se dio a sí mismo como regalo. Hablen acerca de los misioneros que le dan a Dios sus vidas como regalos de sí mismos. Háblenle a su hijo acerca de la Madre Teresa, quien cuando ayudó a los pobres de la India, se dio a sí misma como regalo.

Lean Juan 14:18-21, en donde Jesús promete vivir en cada uno de nosotros. Expliquen que Jesús cumple su promesa al darse a sí mismo mediante la Sagrada Comunión.

Lea más sobre estos temas en *el Catecismo de la Iglesia Católica*

- Núm. 519-521 — los misterios de Jesús
- Núm. 655 — la Resurrección de Jesús
- Núm. 1333-1335 — los signos del pan y del vino
- Núm. 1351 — la presentación de las ofrendas

To the Teacher

The gift that Jesus gives in holy Communion is the gift of himself. A parent may give the gift of himself or herself by fixing a special meal for the family, or by helping the children with their homework. A teacher may give the gift of himself or herself by encouraging children to learn. This week, help the children find new ways to give the gift of themselves to others by making personal coupon books explaining their gifts.

The children will need:

- 3″ x 5″ index cards, at least six per child
- Hole punch
- Markers
- 6″ to 8″ pieces of yarn

Direct the children in the following steps:

1. On one index card, have each child write: "I give the gift of myself." The children can make this the cover and decorate it with pictures and designs.
2. Punch a small hole at the top, left-hand corner of the cards and tie them together with the yarn, keeping the decorated card on top.
3. Discuss together the many ways that the children can give of themselves. Some ideas are: help Mom with the dishes; make a card for a person who is sick or lonely; share a toy with a friend. Encourage the children to come up with ideas for themselves.
4. On the top of each of the remaining index cards have the children print: "This coupon entitles you to..."
5. Now have the children write a gift of self on each coupon. If they have trouble coming up with enough gifts to fill all their coupons, remind them that some gifts can be given more than once.
6. Be sure the children leave one line at the bottom of their coupon to fill in the name of the person they will give the coupon to — Mom, Dad, Grandma, Susie, Tommy.
7. Tell the children that each time they give a coupon and complete their gift of self, they can write that gift on a leaf and paste it on their Jesus Tree.

To the Parents

Most children are accustomed to thinking of a gift as something material. Before your child can fully appreciate holy Communion as Jesus' "gift of himself," you need to help him or her understand how a person can be a gift.

The things you do every day, things your child may take for granted, are truly gifts of self. You can identify these gifts by saying, "Today my gift to you is..." and tell your child what you have done "just because I love you."

Other events can also be examined and identified as gifts of self. If a neighbor does something special for you or any member of the family, explain how that neighbor has given a gift of self. Talk about the missionaries whose whole lives are gifts of self to God. Tell your child of Mother Teresa, whose gift of self was given daily to the suffering people of India.

Read John 14:18-21, in which Jesus promises to live on in each of us. Explain that Jesus keeps that promise by giving the gift of himself through holy Communion.

From the *Catechism of the Catholic Church*

- #519-21 on the mysteries of Jesus
- #655 on the significance of Jesus' Resurrection
- #1333-35 on the signs of bread and wine
- #1351 on the collection of gifts

THIS COUPON ENTITLES YOU TO...

____

____

TO: __________ **FROM:** __________

NOTAS | NOTES

Edición: Lauren K. Borstell

Arte y diseño: Christine Kraus y Maggie Bubenik

One Liguori Drive, Liguori, MO 63057-9999.
En concordancia con *el Misal Romano, Tercera Edición*. Permiso eclesiástico otorgado. Impreso en EE.UU.

Editor: Lauren K. Borstell

Art and design: Christine Kraus and Maggie Bubenik

One Liguori Drive, Liguori, MO 63057-9999.
Compliant with *The Roman Missal, Third Edition*. Published with ecclesiastical approval. Printed in U.S.A.

A Jesus Kind of Love

Jesus showed his love for people by feeding the hungry, healing the sick, and forgiving sinners. Here is a game to help you learn how to love as Jesus loved. You will need two buttons and a coin. Flip the coin to see how many spaces you will move. Heads, move two spaces; tails, move one. The spaces will tell you how to love with a Jesus kind of love.

You forgave a friend who accidentally broke one of your toys. TAKE ANOTHER TURN.

SKIP TO THE NEXT BUG.

You gave some of your allowance to help feed the poor. GO AHEAD 3 SPACES.

You said something to hurt someone's feelings. LOSE A TURN.

GO TO THE HIGH-FIVE CORNER AND GIVE EVERYONE A HIGH FIVE.

Your sister said she was sorry for hurting you, but you would not listen to her. GO BACK TO START.

GO TO THE HUG CORNER AND GIVE EVERYONE A HUG.

You were grumpy when your mother asked you to clean up your room. GO BACK 1 SPACE.

GO TO THE SMILE CORNER AND SMILE.

START

SMILE CORNER

JESUS KIND OF LOVE

MUST FLIP TAILS TO WIN

HUG CORNER

HIGH-FIVE CORNER

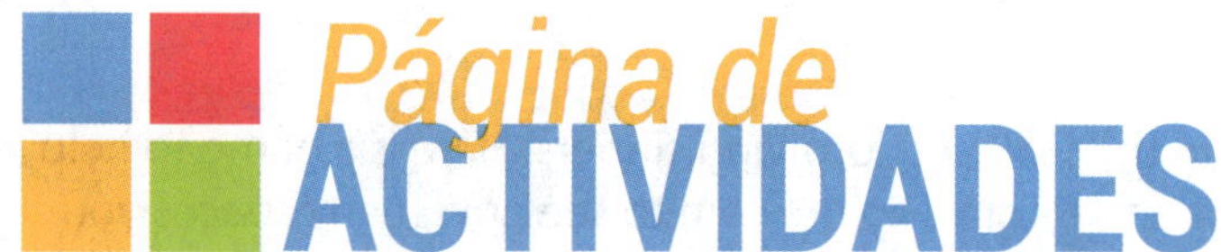

Para el maestro

Construye un árbol de Jesús

Este árbol puede ser usado durante la preparación para la Primera Comunión. Cada niño necesitará:

- Un pliego grande de cartulina
- Crayones o marcadores de varios colores
- Papel de construcción de color verde, naranja y amarillo
- Un sobre grande
- Pegamento o engrudo

Siga las siguientes instrucciones:

1. Dibuje en la cartulina un árbol grande sin hojas. Píntelo de color café.
2. Abajo del árbol, escriba las palabras: AMAMOS COMO JESÚS AMA.
3. Corte secciones en la forma de hojas de árbol usando el papel de construcción. Necesitará bastantes hojas para cubrir las ramas del árbol.
4. En un lado de las hojas verdes escriba: PERDONAR. En las hojas amarillas escriba: CURAR. En las hojas naranjas escriba: ALIMENTAR.
5. Cada niño debe tener un sobre lleno de hojas de diferentes colores.
6. Después de acabar de discutir la lección, explíqueles que ellos deben cubrir el árbol con hojas. Cada vez que un niño ame de la misma manera que Jesús ama, puede firmar la parte trasera de la hoja que corresponde a esa acción y pegarla al árbol.

Al paso de las semanas, los niños pueden ver su ARBOL DE JESUS florecer con el amor y la bondad que demostraron. Algunas de las obras de amor pueden ser proyectos de clase (hacer una colecta para los pobres o mandar tarjetas a los enfermos que están en el hospital y a los ancianos en el asilo). Otras obras pueden ser hechas en la casa o fuera del hogar (perdonarse mutuamente, compartir cosas con los amigos o ayudar con los quehaceres).

Para los padres

Mientras los niños se preparan para recibir a Jesús en su Primera Comunión, van a tratar de vivir cada vez más como Jesús vivió. Ustedes están en la mejor posición para ayudar y guiar a su propio hijo en su desarrollo espiritual. Cada noche durante esta semana, lean a su hijo uno de los siete pasajes de los Evangelios qus se presentan a continuación. Los pasajes son cortos para que tengan tiempo de discutir cómo su hijo podría imitar mejor a Jesús. Mientras más aprenda su hijo acerca de Jesús y de su manera de amar, más sentido tendrá la celebración de este sacramento.

Pasajes sobre el amor: Mateo 8:5-13; Mateo 9:1-8; Mateo 9:18-25; Mateo 9:27-31; Marcos 8:31-37; Marcos 10:46-52; Lucas 9:10-17.

Lea más sobre estos temas en *el Catecismo de la Iglesia Católica*

- Núm. 544 — Jesús anuncia la Buena Nueva a los "pobres"
- Núm. 545 — Jesús invita a los pecadores
- Núm. 588-589 — Jesús es misericordioso con los pecadores
- Núm. 1503-1505 — Cristo, Médico

ACTIVITIES *Page*

To the Teacher

Make a Jesus Tree

This Jesus Tree can be used throughout preparation for first Communion. For the tree, each child will need:

- Large piece of poster board
- Crayons or markers
- Green, orange, and yellow construction paper
- Large envelope
- Glue

Direct the children through the following steps:

1. On the poster board, draw a large tree without leaves. Color the tree brown.
2. Beneath the tree, write, "We love as Jesus loves."
3. Cut green, orange, and yellow leaves out of construction paper. You will need enough leaves to fill the branches of the tree.
4. On one side of the green leaves, write, "Forgiving." On the yellow leaves, write, "Healing." On the orange leaves, write, "Feeding."
5. Each child should have an envelope filled with several leaves of each color.
6. After you have discussed the lesson, explain to the children that it will be up to them to fill the tree with leaves. Every time a child loves in a Jesus way, he or she can sign the back of a colored leaf that corresponds to the action and glue it on the tree.

As the weeks go by, the children can watch their Jesus Tree blossom because of their love and kindness. Some of their love deeds can be class projects (adding to a collection box for the poor or writing cards for the sick in hospitals and for seniors in retirement homes). Others can be done at home or on their own (forgiving each other, sharing with their friends, or helping around the house).

To the Parents

As the children prepare to receive Jesus in their first holy Communion, they will be striving to live more and more as Jesus lived. You are in the best position to help and guide your child in his or her spiritual growth. Each night this week, read one of the following seven Bible passages to your child. The passages are short so you can allow time to discuss Jesus' action and how your child can adapt that action to his or her life. The more your child learns about Jesus and his way of love, the more meaningful the celebration of this sacrament will be.

Passages of love: Mt 8:5-13; 9:1-8; 9:18-25; 9:27-31; Mk 8:31-37; 10:46-52; Lk 9:10-17.

From the *Catechism of the Catholic Church*

- #544 on Jesus preaching to the "poor"
- #545 on Jesus' invitation to sinners
- #588-89 on Jesus' mercy toward and forgiveness of sinners
- #1503-05 on Christ the physician

NOTAS | NOTES

Edición: Lauren K. Borstell
Arte y diseño: Christine Kraus y Maggie Bubenik

One Liguori Drive, Liguori, MO 63057-9999.
En concordancia con *el Misal Romano, Tercera Edición*. Permiso eclesiástico otorgado. Impreso en EE.UU.

ISBN 978-0-7648-2379-4

Editor: Lauren K. Borstell
Art and design: Christine Kraus and Maggie Bubenik

One Liguori Drive, Liguori, MO 63057-9999.
Compliant with *The Roman Missal, Third Edition*. Published with ecclesiastical approval. Printed in U.S.A.